사회과 교육론

이명수 편저

UUP.

사회과교육론

- 2013년 2월 20일 초판 인쇄 2013년 2월 25일 초판 발행
- **편저자** 이명수 ▪ **펴낸이** 이 철
- **펴낸곳** **UUP.**(울산대학교출판부) 680-749 울산광역시 남구 대학로 93(무거동) 울산대학교 출판부
- **전화** (052)259-2488 **팩스** (052)277-3011
- **홈페이지** http://uup.ulsan.ac.kr
- **출판등록** 제370-1996-000001호(1996.3.13.)
- ₩ 9,000

ISBN 978.89.7868.304.3 (93370)

책머리

인간은 태어나면서부터 공동생활을 전제로 하고 있다. 가장 미완성적인 인간의 존재가 사회생활을 통해서 자기의 존재를 인식하고, 남과 더불어 서로의 가치를 공유함으로서 인류역사는 발전해왔다.

인간없이 사회는 존재하지 않는다. 올바른 인간없이 올바른 사회는 만들어지지 않는다. 올바른 사회를 구성하는 훌륭한 구성원을 양성하는 사회과교육이 학문적으로 중요한 이유는 바로 여기에 있다고 하겠다.

사회는 개인과 집단의 인간활동을 통해 끊임없는 변화 속에 있는 한 단위체로서 매우 복잡하며, 우리의 호기심을 자극시키고, 모든면에서 우리와 깊은 관련을 맺고있어 개개인의 독립된 생활을 뛰어넘고 있는 것이다. 그러므로 사회에 관한 교육은 매우 중요하며 끊임없는 관심의 대상이 되므로 더욱 더 복잡해지는 것이다. 사회교육은 초기인류에 관한 지식뿐 아니라 현재의 사건에 관한 모든지식을 포함하고 있어야만 한다. 또한 좁은 의미로는 한 개인에서 시작하며 넓게는 세계전체의 구성에 관한 관심사까지 수용하고 있으며 지도읽기와 같은 구체적 기능습득의 발달에서 합리적 사고라는 추상적인 학습의 개발 영역까지를 포함하고 있다. 또한 이는 개인적인 의견, 검증할 수 있는 사실, 그리고 일반적인 문화적 가치에 대한 관심사까지 제공해주고 있다.

한국이 최고의 선진국가가 되려면 아직도 많은 땀과 노력이 필요하다. 지난 60여년의 변화와 격동의 시기를 회고할 때 한국은 세계제일의 선진국가가 될 것이라는 자신감을 가져도 좋으리라고 본다.

본인은 교육대학원에서 일반사회 전공학생들에게 일선교사로 현장에 부임하여 가르칠 때 나 현직교사가 학생들에게 사회과 과목이 쉽게 접근될 수 있도록, 그간 오랜 교육의 경험을 바탕으로 사회과에 관한 다양한 자료를 바탕으로 이 책을 내놓게 되었다.

목차

제 4장 사회과의 교수·학습방법

제 5장 사회탐구의 성격과 전제

제 6장 사회교육방법의 과정

제 7장 사회교육방법의 제 형태

제1장 사회과 교육

1. 사회과 정의

사회과에서는 무엇을 가르쳐야 하며, 교수영역의 한계를 어떻게 정의해야 하는가?

수학이나 과학, 영어, 불어, 음악 등 대부분의 과목에서는 이러한 질문에 대한 답변이 비교적 명확하고 직접적이다. 이들 각 과목에서도 수업방법과 지식구조에 대한 논쟁은 있지만, 사회과에서처럼 가르쳐야 할 내용에 관한 논쟁은 그다지 많지 않다. 그러나 역사학, 정치학, 지리학, 사회학, 심리학, 인류학, 철학 등 사회과학 전반에 있어서 이들 질문에 대한 답변은 명확하지 않을 것이다. 무엇을 어떻게 가르쳐야 할 것인가에 대한 논쟁뿐 아니라, 사회과의 정의 그 자체를 규명하는 데에서도 의견의 차이가 크다. 또한 '사회과' 라는 명칭에 대해서도 여러가지로 논의가 있어 왔다. 어떤사람은 역사는 포괄적이기 때문에 사회과는 곧 역사라고 주장하는 사람도 있고, 또 다른 사람은 역사는 너무 편협하므로 사회과는 실제로 사회과학이라고 주장하기도 한다. 사회과는 여러가지 의미로 설명되어 진다. 즉 자연과학에 대응되는 의미로 "사회과학 교육" 이라고 표현되거나, 혹은 몇개의 학문으로부터 추출된 이념실체를 학생들이 학습할 수 있는 지식으로 변형시킨 것이라고 말하기도 한다. 또는 사회연구에 적당한 영역 또는 학문의 학습, 즉 사회학습이라고도 한다. 마지막으로 사회학습을 개선하고, 개인과 사회의 발전을 촉진시킬 뿐 아니라 사회적 적응력을 발달시키기 위해 계획된 사회교육 프로그램이라고 규정하기도 한다.

오늘날 "사회과"란 명칭은 일반사람들이나 학교관계자들에 의해 가장 널리 사용되고 있으나 그 명칭자체가 어떤 특별한 조직형태나 견해를 함축하고 있지는 않다. 그러나 교육과정의 견지에서 볼 때 한 교과로서의 사회과는 언어교육, 과학교육, 인문교육과 같은 교육과정의 한 영역을 의미한다. 어떤 의미에서 보면, 사회과는 인간과 환경에 관한 모든 학습이다. 즉 역사적 사건, 고고학적 발굴의 결과, 반체제운동, 중요한 과학적 발명, 예술적 업적, 원자력 발전소에 적용되는 안전법규, 지구상의 기아문제, 법률의 개정, 정신건강 문제, 미래를 위한 여러 제안, 그리고 인간의 활동과 이념에 관한 수많은 항목 등 이러한 모든 내용이 사회과에서는 중요한 학습과제가 되는 것이다. 사회과에 대한 일반적인 정의는 다음과같은 요인에 의해서 특징 지워지고 제한될 수밖에 없다.

첫째, 역사와 그 밖의 사회제과학을 각각 독립된 과목으로 강조하는 전통적인 정의.

둘째, 사회과를 자연과학, 인문과학, 수학, 직업과목 등과 병열적으로 위치시킬려고 하는 실제 학교에서 일반적으로 받아들여지고 있는 견해.

셋째, 그러한 방대한 사회과의 정의를 다루는 데 필요한 시간, 교사의 지식, 자원으로 보는 견해.

많은 학교에서 전형적으로 이루어지고 있는 사회과의 학습은, 위에서 제시한 것과 같은 "다양한 영역"보다 훨씬 제한된 것이다. 사회과는, 역사, 사회과학, 사회문제, 그리고 의사결정이나 사회학습 혹은 사회적응에 공헌할 수 있는 비판적 사고 등이 통합된 중요한 하나의 교과영역인 것이다. 사회과의 사회과학, 사회적응, 사회학습 및 사회교육과의 전통적인 관계는 다음과 같이 설명될 수 있을 것이다.

일반적으로, 사회과학이 교수뿐만 아니라 조사연구나 연구방법 등을 강조하는 전문적 수준의 연구영역으로 간주되는데 대하여, 사회과 프로그램은 경제학, 심리학, 정치학, 사회학 및 그 밖의 사회제과학의 내용의 교수를 포함할 따름이다. 사회적응이, 학교안팎의 집단활동에 효과적으로 활용할 수 있는 개인의 능력을 문제 삼는데 대하여, 사회과는 개인의 사회적응의 향상을 꾀하려는 교수만을 포함한다. 사회학습이란, 개개인이 사회를 이해하고 행동하는데 도움이 될 수 있는 모든경험이라고 할 수 있고, 사회교육은, 가정, 학교, 동료집단, 종교, 기타 여러조직속에 위치시켜야 할 것이다. 그에대해 학교교육으로서의 사회과는, 사회학습, 사회교육, 사회적응을 위한 수많은 공헌요소 중의 하나에 불과한 것이다.

2. 사회과 중요 측면

사회과에 대해서는 여러가지 다양한 견해가 있으나 적절하게 계획된 프로그램에서는 공통된 기본요소를 발견할 수 있다. 학교내의 사회과 수업을 관찰해 보면, 비록 일부교사들이 특별한 접근방식이나 견해를 강조한다 할지라도, 거기에는 공통되는 기본요소가 눈에 띈다. 표 <1-1>에서 이러한 요소를 제시하고 있다.

1) 교육과정

사회과의 교육과정은 학생들의 교양교육에서 가장 중요하다고 믿어지는 인간관계에 대한 것을 포함하고 있다. 비판적 사고의 개발은 널리 용인되고 있는 사회과의 목적이다. 비판적 사고는 민주사회의 한 시민으로서 갖추어야 할 지식의 습득과 사회에 대한 참여를 증진시키며 합리적인 의사결정 능력과 사회문제를 해결해 나갈 수 있는 신중한 행동을 발달시키는데 바탕이 되기 때문이다. 이러한 지식, 시민정신, 의사결정, 사회행동 등은 학교에 따라 혹은 프로그램에 따라 역점은 달리하지만, 사회과의 수업목표로 인식되고 있다. 사회과에서 수업계획을 수립하고 교과과정을 발전시키려 할 때, 본 장의 마지막 절에서 지적하는 것처럼, 객관적인 목표는 지식, 사고과정, 기능, 가치 등을 포함한 수업목표를 구체화 할 수 있다. 이러한 수업목표들은, 사회적, 정치적, 경제적, 논쟁점이나 개념의 학습을 위한 과목, 단원, 매시간의 수업속에서 수업활동, 자료들을 조직화함으로써 추구된다. 탐구의 대상과 과정은 사회과학, 역사, 현대사회문제, 혹은 인간의 제 경험을 포함한 다양한 자료들로부터 얻어진다.

학습주제의 선택은, 전통, 현대사회문제, 국가와 지역사회의 요구, 교사와 교육행정가의 학문적 배경, 일반 혹은 학문적 압력단체 등에 의해 결정된다. 교육과정 내용을 결정하는 것은 수업 내용중에서 무엇이 중요한가를 둘러싼 개인과 집단간의 의견이 상충한다는 의미에서 정치적 성격을 띤다. 상충된 의견들은 여러가지 형태로 표현되고 집약 형성된 의견을 토대로 교육과정이 결정된다. 따라서 사회과 교육과정의 변화는 느리고 어렵게, 그러나 지속적으로 진행된다.

<표 1-1>

<table>
<tr><td colspan="3">사회과</td></tr>
<tr><td colspan="3">다양한 상황 속에서의 인간관계에 대한 학습</td></tr>
<tr><td colspan="3">사회적응을 위한 기본적 도달목표
지식–사고과정
기능–가치와 태도</td></tr>
<tr><td>지 적
개인적
사회적
차 원</td><td>- 다음에 초점을 맞추어 과거, 현재, 미래의 사회적·경제적·정치적 활동을 탐구
- 집단 내에서의 인간행위의 다양성과 변화
- 인간적·물리적 환경 속에서의 상호작용
- 선택된 주제, 논쟁점, 문제들을 연구(학습)하기 위해 필요하다고 볼 수 있는 역사, 사회과학 및 기타 여러 자료에서부터 끌어낸 내용</td><td>문화적
사회적
공간적
차 원</td></tr>
<tr><td colspan="3">유치원에서 고등학교까지의 교육과정의 편성 : 학습자의 발달 단계에 따라 배열 조직된 단원 및 과목</td></tr>
</table>

2) 사회과의 일반적 주제와 내용

초등학교에서 고등학교까지 어떠한 내용이 사회과에 포함되어 있는가를 검토하기 위해서는 특별한 관심을 가지고 분석해야만 한다. 전국의 대다수 학교에서 일반적으로 채택하고 있는 몇몇 과목과 주제가 있으나 그 과목과 주제는 학년에 따라서 달라진다. 여러학년에 일반적으로 적용되는 주제 중에는 시사문제, 직업교육, 민속학, 환경문제와 법적인 측면이 있다. 다음은 학년수준에 따라 일반적으로 적용되는 주제와 학교체제에 따라서 달라지는 단원의 주제, 차이점에 대해 요약한 것이다.

□ 중학교 1학년 : 대체로 주의 역사와 오랜 역사를 지닌 동반구의 지역과 인종, 미국역사, 지리학, 문화 등의 주제를 다루지만 학교체제에 따라 커다란 차이가 있다. 어떤 학교에서는 세계사, 세계지리, 세계문화연구, 사회과학 입문, 헌법, 지역사회, 소비자 교육, 직업교육, 미국권에서의 생활, 인종연구, 그 외의 다른과정을 채택하기도 한다.

□ 중학교 2학년 : 몇몇 주에서는 주로 미국역사와 헌법을 배우게 된다. 어떤 학교에서는 주와 지방정부, 주 역사, 관습, 직업교육, 인종 또는 법과 관련된 주제 중에서 하나나 그 이상을 선택하여 학습하도록 되어 있다.

□ 중학교 3학년 : 연방, 주, 지방정부에 대한 주제를 주로 학습한다. 학교에 따라서 세계사, 세계지리, 세계연구, 아메리카 역사, 아시아와 아프리카 연구, 정치학 입문, 사회과학 입문, 주와 미국역사, 미국학, 소비자교육, 직업개발을 강조하는 직업교육 중에서 선택하여 배우게 된다.

□ 고등학교 1학년 : 대부분의 학교에서 세계사 과목을 채택하여 개설하고 있지만 그것을 듣고자 하는 학생들이 줄어들어 왔다. 그 외에 지리학, 지학, 여성학, 미국사, 세계문화, 근대사, 미국학, 인종학, 경제학 등의 과목이 있다.

□ 고등학교 2학년 : 일반적으로 미국사를 개설하고 있지만

몇몇 주에서는 필수과목으로 채택하지는 않고 대체과목을 듣는것을 허용하고 있다. 미국사 대신 세계사, 현대사, 세계지리학, 세계문화, 정부체제와 같은 과목을 선택할 수도 있다는 것이다.

□ 고등학교 3학년 : 많은 학교에서 미국정부에 대한 과목을 개설하고 있다. 그렇지만 교사는 비교정부, 법학, 경제학, 시사문제, 진보적인 직업소개, 국제관계, 아시아연구, 아프리카 연구, 라틴아메리카 연구, 심리학, 사회학, 인류학, 정치학, 여성학, 고대사 등과 같이 다양한 주제 중에서 교사 자신이 관심을 가지고 있거나, 학생들의 관심을 집중시킬 수 있다고 생각되는 것을 선택할 수 있다.

현재의 교육과정에는 과거의 발전적인 요소와 새로운 미래에 대한 발전적 요소가 혼합되어 있다. 교육과정에서는 미국사와 정부에 대한 중요성을 강조하는 것과 아울러 기본적 원칙으로 되돌아가려는 움직임이 강조되고 있다. 또한 사회과에 있어서는 읽고 쓰는 기능 뿐 아니라 사회학, 심리학 등 사회과학 전반에 걸쳐 학생들의 관심도 점점 높아져 가고 있다. 사회의 논쟁점과 시사문제, 사건들은 역사와 다른과목에서 다루어지고 있으나, 대부분 고등학교에서는 민주주의 문제를 다루는 과목들을 등한시하여 왔다. 세계사에도 개설되어 왔지만 많은학생들의 관심을 끌지는 못하였다. 지리는 주로 초등학교와 중학교에서 일반적으로 가르쳤으나, 고등학교에서는 소수의 학생들만이 선택하여 왔다. 1960년대에는 사회과학 자료—역사학, 경제학, 정치학, 인류학, 그리고 아시아연구 등과 그 밖의 주제 -가 상업적인 출판인들에 의해 보급되었는데 몇몇 학교에서

만 그 자료를 사용할 수 있었으며 대부분의 학교는 학교예산 상의 문제로 자료를 구입하지 못하였다. 복수인종이나 복수 문화에 대한 연구가 중요한데도 불구하고 실제로 대부분의 도시 학교에서는 단일인종에 대해 연구하는 과목만을 개설하고 있다. 사회과에서 여러가지 새로운 측면이 나타나고 있으며 강조점이 달라지고 있다. 사회과를 포함하여 여러과목에서는 일반적으로 가치교육 특히 도덕교육이 중시되고 있으며, 자연보존과 소비자교육에 대한것이 생태학, 환경학, 소비자연구 및 경제학에서 다시 강조되고 있다.

또한 직업교육, 미래를 위한 교육, 여러민족과 인간관계, 국제교육, 법과 관련된 연구가 새로운 사회과 교육에 영향을 주고 있다. 많은 주에서 책무성 평가계획이 실시되어 왔으며, 대부분의 학교에서는 교사들이 이미 정해져있는 목표에 의해서 가르쳐 왔다. "교육발전을 위한 국가적 평가"의 보고서는 학생들이 시민적, 정치적, 경제적, 사회적 지식이 부족하다는 것을 드러내었으며 시민교육을 중요하게 다루어야 함을 강조하고 있다. 최근의 시민교육에 관한 관심은 다음과같은 내용을 강조하고 있다. 즉 시민이란 무엇인가, 기대되는 결과는 무엇인가, 그것을 위해 어떠한 내용과 수업방법이 사용되어야 하는가. 학생들이 선택해야 할 이상적인 "훌륭한 시민의 상"은 어떤 것인가? 라는 문제를 다루어야 한다는 것이다. 이와같은 시민교육에 대한 서로 다른견해는 수업방법에 많은 영향을 미치게 된다.

3) 시민교육에 대한 여섯가지의 바른 견해

현재 수업의 지침이 되고있는 시민교육에 대한 여섯가지 견해는 아래와 같다.

□ 국가에 대한 충성심

여기서 기대되는 교육적 결과는 자국에 대한 긍정적인 견해 적국에 대한 부정적인 견해를 갖게 하는 것이다. 수업과정에서 가치를 주입시킨다. 실제의 모범적 인물로 미국의 애국자들을 제시해 준다.

□ 모범적인 행동

책임있고, 공정하며, 신뢰성이 있고 예의바르게 행동하도록 교육하는 것이다. 수업과정에서는 행동을 강화해 주어야 한다. "훌륭한"시민의 예를 들어준다.

□ 어린 사회과학자

분석적인 태도를 가지고 사회과학적 개념과 방법을 사용하게 하며 기능과 능력을 발달시키는 교육을 하는 것이다. 수업을 할 때, 사회과학 방법론을 훈련시킨다. 예를 들어 사회과학자에 대한 설명을 해 준다.

□ 사회에 대한 탐구정신

사회문제에 대한 바른견해와 탐구적인 태도를 길러주는 교육을 한다. 수업과정으로는 신중한 사고력을 길러주며, 실제적인 예를들어 신중한 비평가나 다른의견의 주창자가 있다는 것을 제시해 준다.

□ 재건주의

현실문제에 기초를 두고 있지만 이상을 지향하도록 미래주의적이며 세계시민적 정신을 높이는 교육을 해야 한다는 것이다. 수업을 할 때 사고력을 길러주도록 한다. 세계의 사상가나 세계주의적 시민의 모범상을 제시하도록 한다.

□ 사회적 행동주의

사회발전에 참여할 수 있는 능력과 실행력을 증신시켜 주는 교육을 해야 한다는 것이다. 수업과정에서는 지역사회와 학교의 공동적 문제에 참여시킨다. 실제로 정치적, 사회적인 지도자들의 "예"를 들어 준다.

이와같은 시민교육에 대한 견해는 학교가 있는 지역에 따라서 또는 교사들이 시민교육에 대해 갖는 목적과 본질의 관점에 따라 다르다. 그러므로 시민교육에 대해 서로 다른견해를 갖는 사람들 사이에서 갈등이 생기게 된다. 교사들 중에는 맹목적인 애국심을 찬양하는 사람은 별로 없지만 어떤 단체나 개인들은 사회전체가 무조건적인 애국심을 받아들여야 한다고 강조하기도 한다. 일반적으로 학교에서 시민교육을 실시할 때는 애국심과 모범적인 행동을 실천하도록 가르치고 있다.

반면에 많은 학자들이 사회 비판적인 태도를 가르쳐야 한다고 주장하지만 실제적인 학교교육에서는 아직도 일반화되지 않고있다. 젊은 사회과학자들은 비록 그들이 경제학, 사회학, 심리학, 그리고 인류학의 내용을 이해하고 있다 할지라도, 그 방법을 넓게 적용시키지는 못하고 있다. 재건주의는 경우에 따라 분명히 일어나고 있는데 때로는 사회비판적인 태도와 연관되어 나타난다. 또한 전통적인 방법으로 사회에 참여하고, 투표하고, 등록하는 훌륭한 시민의 모범적인 관점이나 워터게이트나 그 밖의 부정을 분석하는 사회비판가들의 견해와 결부되어 사회적인 주의가 나타나기도 한다.

4) 사회과의 기초

중등사회관의 프로그램은 전체적인 교육과정 속에 포함되어 있는 역사적, 철학적, 심리학적, 사회과학적인 내용과 사회생활에 필요한 기본적인 내용을 기반으로 하여 구성할 수 있는 것이다. 여기서 역사적인 내용이란 사회과목이 교육과정중의 하나의 영역으로서 어떻게 시작되었고 발전되어 왔는가를 배우게 되는 것이다. 철학적인 내용에서는 사회과의 목표나 가치, 관점, 여러가지 정의와 이론적인 근거를 다루고 있다. 심리학적인 토대에서는 교육과정과 수업, 평가를 전개해 가는 방법이나 학습에 대한 정보를 제공하고 있다. 또한 사회과학 분야에서는 사회과 학습에 필요한 자료나, 개념, 주제, 일반화, 모델, 방법, 탐구해 볼 만한 가치 등을 얻을 수 있는것이다. 사회과 프로그램을 계획할 때는 실제 사회생활에서 적용되고 있는 사회적 가치, 신념, 논쟁점, 문제요구, 법적요청을 고려해 보아야 하는 것이다.

사회과 교과서에는 이러한 기본적인 점들이 적절하게 제시되어야 한다. 위에서 제시하고 있는 기본적인 점들은 이 책 마지막 장에서 다시한번 언급되어 지는데, 이것은 사회과의 이론적 근거의 개발을 지향하기 위해 이 과목의 전문적인 연구를 필요로 하는 내용속에서 다루어 보고자 한다. 위에서 명시된 많은 요소들이 현재 사회과 프로그램에서도 찾아 볼 수 있으나 사회과의 본래의 기능에 대한 견해가 다양하다는 것도 인정해야 한다. 이들 의견을 규명해 보기위해서는 지금까지 발전되어온 다른 견해들을 고려해 보아야 한다. 다음 부분에서는 교사들이 받아들이고 있는 다섯가지 견해에 대해 생각해 보려고 한다. 어떤 사람들은 교사가 어떻게 준비하고 있어야 하는가라는 문제와 교육목적에 맞는 교수자료(내용), 교육과정, 교수전략, 학생평가와 프로그램 등을 정확하게 선택하려면 토론의 과정보다는 결단력 있는 결정을 내리는 것을 더 좋아할지 모른다. 그렇지만 이 책의 입장은 사회과의 본질, 목적, 기능에 대해 계속 재검토해 보는 것이 더 바람직하다고 생각하는 것이다. 모든교사는 어떠한 특정한 견해를 강조할 것인지, 혹은 그것의 절충적인 견해를 취해야 할 것인지를 먼저 결정해야한다.

3. 다섯가지의 다른 전통

사회과는 전통성, 접근방법, 강조점에 따라 여러부류로 나누어 질 수 있다. 어떤사람은 시민정신을 전수하는 것으로서의 사회과, 사회과학으로서의 사회과, 번성적 사고와 탐구로서의 사회과 등 세가지의 견해로 분류한다. 또 다른분류는 훌륭한 시민이 되기위해 알아두어야 할 과거의 지식, 학생중심의 견해, 반성적 사고의 탐구, 그리고 정치 · 사회학적 관련 등을 포함한다. 교사들이 선호하는 접근방법을 연구해 보면 다음의 다섯가지 분야로 나눌 수 있다.

① 역사를 통합의 초점으로 보는 것.

② 학생들의 경험을 중심으로 하는 것.

③ 반성적, 비판적 사고 또는 탐구.

④ 각 사회과학 분야마다 특수한 과정과 내용.

⑤ 사회· 정치적인 문제의 분석과 참여.

다섯가지의 견해는 다양한 제목과 다른관점에서 구별될 수 있다. 각각의 견해는 근본적인 교육철학과 관련된 일련의 목적과 가치를 가지고 있다. 그러나 이 관계가 뚜렷하고 직접적이며 정확한 것은 아니다. 그것들은 지식, 사회의 필요와 상황, 그리고 학생들의 필요와 관심에 대한 상대적인 강조점에서 그 근본적인 차이점을 찾아볼 수 있다. 학교, 교사, 개인, 그 밖의 관련된 사람들에 따라 어떤 견해가 상대적으로 강조되는가는 수시로 변한다. 우리는 그 견해의 어느하나 혹은 혼합된 것에 기초를 둔 사회과의 교과를 전개해 나가는 데에 있어, 명확성과 혼란뿐만 아니라 각 견해의 장점과 단점을 발견할 수 있다. 여기에서는 자신의 입장을 명확히 하고 그것을 동료들과 토론하려는 독자들을 위해 이 견해를 간략히 요약하고자 한다.

1) 문화유산 선택적 전달

이 입장을 지지하는 많은 교사들의 근본적인 철학은, 영원한 진실과 가치를 강조한다는 점에서 항존주의자(perennialists)와 유사하며, 학생들이 인생을 준비하기 위해 필요하다고 믿는 기능, 개념 ,가치를 강조한다는 점에서는 본질주의자(essentialists)와 비슷하다. 역사, 정치, 경제 그 밖의 다른과목의 기초가 되는 것들을 강조하면서도 무엇을 전달해야 할 것인가에 대한 결정은 교사들에 따라 다르다. 어떤 사람들은 역사, 지리, 그 밖의 사회과학 뿐만 아니라 문학과 예술에서 선택한 자료를 내포하고 있는 인문학을 강조하는 프로그램에 의존한다. 어떤 교사들은 민족주의의 발생, 과학과 기술의 영향, 미국의 대외정책에서의 고립주의와 같은 근본적인 주제를 강조한다. 또 어떤 교사들은 서로 다른시대와 장소의 사람들이 오랫동안 고수해 온 사회, 경제, 정치문제를 다루는 방식을 예시하면서 그들의 역사적 발달의 내용에서 논쟁점과 문제를 찾아야 한다고 주장한다. 어떤교사들은 다양한 문화와 인류에 대한 교육프로그램을 좋아 한다. 그러나 선택된 내용이 무엇이든 간에 목적이 분명할 때만이 효과적으로 전달될 수 있는 것이다.

2) 사회과학 교육

이 견해를 지지하는 교사들의 철학은 인간사에 있어서 법과 형식과 질서를 추구한다는 점에서는 현실주의와 양립하며, 인간관계를 연구하는 객관적이고 경험적인 방법을 강조한다는 점에서 과학적 실증주의와 양립한다. 이 접근방법의 주목적은 이미 산출된 지식과 사용되고 있는 조사방법에 관심을 집중시켜, 학생들에게 사회과학을 학문의 한 분야로 소개하는데 있다. 이러한 접근은 고등학교 과학교육 프로그램의 목적과 유사하다. 또한 사회과학에서의 탐구형태, 방법, 가치와 더불어 개념, 원리, 가설, 논쟁점, 이론 등이 교과에 포함되어 있으며, 여기에서는 채택된 개념과 일반화를 발전시키고, 견학, 경험 등의 조사방법을 통하여 객관성, 비판력, 그리고 증거제시와 같은 가치가 강조된다. 교사들은 과학적 연구의 채택된 모델과 방법을 사용함에 있어서 실제적인 교육방법과 학생의 참여의식을 조화시켜 나가야 한다.

3) 반성적 사고 또는 탐구

철학적으로 이 견해는 실용주의(pragmatism)와 관련되어 있으며 John Dewey와 그의 제자들이 발전시킨 사고와 교육에 관한 개념에 근거를 둔다. 이러한 접근방법의 근본목적은 사회적 논쟁점과 문제에 대해 반성적 사고와 탐구방법을 통해서 학생들의 사고력과 의사 결정능력을 발전시키는 데 있다. 여기서 다루는 학습내용은 학생들에게 중요하고 관심있는 논쟁점과 문제를 토론하기 위해 필요에 따라 학과와 그 밖의 다른분야에서 적절한 것으로 택할 수 있다. 수업방법을 계획하고 내용을 지도할 때, 반성적 사고와 탐구, 조사연구, 의사결정 모델이 사용되며 문제의 설정, 가정의 전술과 검증, 대안평가 , 대안의 결과분석, 결론유추, 판단, 결정 등과 같은 과정이 포함된다. 목적으로서의 가치와 자유, 그리고 개방적 탐구가 강조되며 가치문제와 모순점을 다루기 위해 합리적이고 분석적인 접근법이 사용된다.

4) 사회적 비판과 사회적 활동

학교는 사회를 개선시키는 대행자가 되어야 한다는 재건주의 철학자의 신념에 따르는 견해이다. 중심목적은 사회의 제반 요건과 문제를 비판적으로 분석하고, 사회의 변화를 가져오는 방법을 제안하는 학생들의 능력을 발달시키는 것이다.

내용이 학습을 위해 선택된 논쟁점과 문제를 다루는 데 있어 유용한 것이라면 어떤 것이든 채택한다. 비판기술과 의사결정 과정을 강조하며, 정의와 기회에 대한 평등, 인간 존엄성, 진보에의 신념, 문제해결을 위한 지성과 같은 가치를 높게 평가한다. 이러한 견해를 지지하는 많은 교사들은 사회에 대한 비판은 하지만 학교밖에서 학생들을 참여시키는 사회적 활동에 대해서는 신중하게 고려한다.

5) 학생들의 개인적 사회적 발달

이 견해는 학생중심의 진보주의적 실존주의적 경향이 어떤 국면과 연결되어 있다. 중심목적은 자아이해, 자아실현, 타인과 자신의 관계를 이해하는 것으로 과학적인 것보다 인간적인 면을 강조하고 있다. 그러므로 무엇보다 자기실현과 자아조절, 자아인식, 그리고 자기평가에 높은 비중을 두고 있다. 가치의 내면화란 인격적이고 사적인 과정으로 이해되어질 수 있다. 또한 학생의 사고력을 자극하기 위해 학생과 교사가 함께 계획하는 개방적인 프로그램에 관심을 두고 있다. 어떤문제에 대한 답이나 해결책을 제시해 주는 것 보다는 학생 스스로가 선택할 수 있도록 도와준다. 그러나 실제 수업을 하다보면 이러한 견해가 혼합되어 있는 경우가 있다. 예를들면, 학생들에게 전수시켜야 할 문화유산에 대한 견해를 지지하는 교사들은, 교사자신이 갖고있는 이상적인 사회와 인물에 대한 개념과 상응되는 상황이나 사건에 대해 학생들이 다시한번 비판적인 검토를 해 보도록 해야 한다. 또한 민족학에 관심이 있는 교사들은 채택된 문화유산의 전달에 힘쓴 한편 인종적 소수민족 문제에 대한 비판적 사고를 학생에게 강조하고 사회비판과 사회적 행동에 학생들을 참여시키며 학생개개인이 자아인식을 가지도록 교육시키는 데에도 관심을 가지게 된다. 신중한 사고나 조사연구를 지지하는 교사들은 인간의 존엄성과 정의, 평등 그밖의 민주적인 가치에 관한 이상적인 입장을 고수하고 사회과학에서 채택된 조사연구의 개념과 형태를 사용하며 학생들의 사회

비판 능력을 길러주며 학생들의 개인적, 사회적 발달의 측면뿐만 아니라 자기평가라는 측면도 강조하게 된다.

사회과학습에서는 반성적 사고와 올바른 판단능력을 중요하게 다루어야 한다는 태도를 취하고 있다. 그러므로 책임감 있고 사려깊은 민주정신을 발달시키려면 적절한 문화유산과 사회과학의 여러면을 교육과정에 포함시켜야 한다고 강조하고 있다. 학생들은 사회속에서 능동적인 참여자가 되기위해 필요한 기능을 모두 발달시켜야만 한다. 또한 교육과정은 어떠한 학문영역을 깊이 추구하고자 하는 학생들에게 선택의 기회를 주기위하여 사회과학의 분야 즉, 경제학, 정치학, 사회학, 심리학 등의 내용을 포함 시켜야 한다. 항상 교육적인 요구와 학생들의 관심사에 주의를 기울여야 하지만 이것은 계획된 사회과 프로그램에서 다루어져야 할 문제이다. 이러한 관심은 이 장에서 나머지 부분과 다음장에서 좀 더 구체적으로 설명하고자 한다.

4. 사회과의 목표

목표는 수업을 전개해 나가고 평가를 할 때 포괄적이며 일반적인 지침이 된다. 즉 목표는 수업을 위한 철학적인 입장을 반영하며 수업의 체계성을 세워준다. 사회과의 목표는 사회력과 인간관계, 시민의 책임성, 경제적 능력, 의사결정 과정, 자아실현 등과 같은 교육적 목표에 직접적으로 기여하게 된다.

이러한 목표는 일반적인 교육에 있어서 학생들에게 중요하게 다루어져야 할 태도와 가치, 지식, 사고과정, 기능 등에 관심을 가질것을 제시하고 있다. 이론상의 목표와 '실제 교사들이 받아들이는 목표' 사이에는 구별이 있기쉽다. 교사들에 의해 받아들여 진 목표는 교사의 교육철학을 반영하며 좁은 의미에서는 사회과의 여러영역을 반영한다.

목표에 대하여 교사가 자신의 입장을 분명하게 밝히는 것은 효과적인 수업을 위한 필수적인 요소가 되는 동시에 이 장에서는 중심주제로 간주되고 있다. 여기서는 목표를 진술해 놓은 두가지 실례를 들고자 한다. 이것은 일반적으로 목표가 무엇이 되어야 하는가에 대한 사고에 자극을 주고, 다른 편협한 목표 진술과 비교될 수 있는 기초를 마련하기 위한 것이다. 첫 번째 실례를 보면 지역적인 사회과 지도를 위해 국가전체 구성조직에서 발췌하여 진술된 것이고, 두번째 예는 학생들의 성취동기를 가하기 위해 제기된 목표에서 채택하였다. 두가지 예는 비교적 명확히 구분되는 네가지 목표—지식, 사고과정, 기능, 태도와 가치를 포함하고 있다. 각 목표를 설명하기 위해 사용된 진술은 그 차원을 예증하고 부연해 주고 있다. 다음에서 설명이 되겠지만, 목적의 차원을 확인해 보는것은 수업목표를 형성하는데 도움이 된다.

1) 사회과학의 목표

① 사회과학 분야에서 쓰이는 자료나 일반화, 개념에 근거를 둔 지식을 발달시키기 위해서,

- 복합적인 인과관계, 갈등, 협동, 도덕, 변화, 차이, 상호의존과같이 사회과학 여러분야 간에 공통적으로 쓰여 지는 개념을 이해한다.
- 특정한 사회과학 과목에서 끌어낸 개념을 이해한다.

- 관찰, 분류, 가설설정, 예견과 같은 과정을 사용한다.
- 지식을 발달시키고 검증하며, 일반화 시키기위해 통계자료를 사용한다.

② 사회과학 분야에 적절한 연구기능과 다양한 지적 능력을 개발하고 실천해 보게 한다.

- 비판적 사고, 문제해결 능력, 연구기술을 발달시킨다.
- 인지, 분류, 관리, 문제해결에 사용되는 기술을 발달시킨다.
- 점차적으로 자기를 제어할 수 있는 기능을 발달시킨다.

③ 개인과 문학의 차이점과 유사점을 이해하고 존중하게 한다.

- 세계를 다양한 문화, 인종, 민족, 언어, 국가로써 이해하고 평가한다.
- 미국을 다양한 인종•문화국으로써 이해한다.
- 다양한 문화, 사회집단, 민족 또는 소수집단의 평등성과 공정성에 의거한 미국의 이념에 대한 믿음과, 성의 역할, 도덕 기준, 가치체제 등에 대한 보편적이고 선택적인 개념을 이해하고 평가한다.
- 직업선택의 다양성과 어떻게 선택을 해야 하며, 선택하는데 있어서 성, 인종, 민족의 차이에 의해 제한받아서는 안 된다는 사실을 이해하고 판단한다.
- 성, 인종, 정치, 경제, 종교적 집단에 대한 편견에 따른 행동과 태도를 알아내는 동시에 그러한 행위를 하지 않도록 한다.
- 인간의 모든조직 단위세계, 국가, 인종적•민족적 집단, 기업가와 노동자 집단, 동족집단, 가족을 이해하고 평가함으로써 자신에 대한 긍지와 스스로를 존중하는 마음

을 갖도록 한다.

④ 사회적 가치를 반영하는 일련의 개인적인 가치를 발달시키고 명확히 하기위하여,

- 개인의 가치를 깨닫고 각기 다른가치의 기준을 배운다.
- 개인의 능력에 대한 가치를 알고 자신감을 기른다.
- 모든 생물체에 관심을 갖고 이해한다.
- 논쟁은 일반적으로 가치기준의 차이와 해석에 관계된다는 것을 인정한다.
- 시민의 권리, 의무를 이해하고 평가한다.

⑤ 개인, 집단의 일원으로서 사회에 참여하기 위해,

- 사회적 상황을 분석하고, 가치있는 논쟁점을 찾아서, 그에 대해 실행할 수 있는 적절한 해결책을 준비한다.
- 시민으로서 혹은 그밖의 사회적 환경에 참여할 때 지식과 지적인 기능을 효과적으로 사용한다.
- 사회활동을 할 때 적극적인 대인관계의 기술을 활용한다.
- 여러가지 사회환경을 둘러싼 사회적 활동에 가입하고 참여한다.

2) 시민교육의 목표

(1) 인간과 그들을 둘러싸고 있는 사회적, 물리적 환경의 관계를 보다 잘 이해하기 위해 다음사항을 배운다.

① 사회세도의 특성과 기능.

② 집단의 특성과 기능.

③ 집단구성원으로서의 일체감.

④ 집단간의 관계.

⑤ 물리적 환경에 대한 관계.

(2) 전 세계적인 수준에서 지식이나 평가, 공약의 기능을 효과적으로 이용하기 위하여 다음사항을 배운다.

① 전 세계를 통한 사람들의 상호관계.

② 모든 사람들이 어떻게 상호 관련된 체제의 일부분이 되는가.

③ 기아, 인구 증가, 인간의 권리와같은 세계적 문제.

④ 세계적 관점에서의 의사결정과 행동.

(3) 국가적인 차원에서 지식이나 평가, 공약의 기능을 효과적으로 이용하기 위해 다음사항을 배운다.

① 미국정부의 역사적 발전, 원칙과 목적.

② 미국정부의 조직과 정책결정과정.

③ 공정한 법과 개인의 권리를 지지.

④ 미국 경제체제의 조직과 발전.

⑤ 미국 사회에서의 주요한 사회적 변화.

⑥ 시의개발에 참여.

(4) 지식을 찾아내고, 조직하고, 사용하는 데 필요한 정보 수집과 처리기능을 키우기 위하여,

① 인간의 상황과 일에대한 사고전략.

② 쓰고, 말하고, 보고, 경험한 자료로부터 지식을 수집.

③ 지도읽기, 토론 등 기타 기술을 사용.

④ 여러자료로 부터 정보를 얻고 처리.

(5) 의사전달 기능을 적용할 수 있는 능력을 개발하기 위하여 다음사항을 배운다.

① 쓰기, 도표, 언어의 형태로 의사전달.

② 자신을 표현하고 타인에게도 그렇게 하도록 격려.

③ 여러가지 능력에 따라 집단을 구성하고 그 집단끼리 상호작용.

④ 문화적 관점이 다른사람 들과의 관계.

(6) 의사결정과 문제해결을 할 때 적절한 지식과 기능을 적용하는 능력을 키우기 위해 다음사항을 배운다.

① 적절한 상황 판단.

② 적절한 행동을 결정, 계획선택하거나 인식.

③ 목표, 가치, 그리고 결과를 위해 현재와 미래의 행동을 평가.

5. 수업목표

수업목표란 바람직한 모든결과를 다 포함시켜야 하며, 교사가 측정하기 쉬운 지식이나 기능에 한정되어서는 안 된다는 입장을 취하고 있다. 사고과정•가치•태도가 포함되어야 하며, 양적 측정은 물론 교사의 판단을 필요로 하는 질적 측정도 적절하게 사용되어야 한다. 목표란 수업을 개선하기 위한 도구로 쓰이며, 또한 성과를 기대할 수 있는 가치가 있는지에 대한 구별을 하기 위한 수단으로써 집단이나 개인이 계획을 세우는데 필요한 방법을 제시해 줄 수 있어야 한다. 또한 목표란 사회과의 목표를 가르치고 평가할 수 있는 수준으로 정할 수 있도록 방법을 제시해 줄 수 있어야 한다. 우리는 수업목표를 단순한 양적 성과로 제한되는 행동이나 성취적 목적으로 보기보다는 보다 넓은범위의 목표로 보아야 한다.

1) 목표에 포함되는 요소

목표가 수업을 계획하고 평가하는 데 있어 효과적인 지침이 되기 위해서는 목표를 진술하는 데 몇가지 요소가 포함되어 있어야 한다. 각 요소는 학생들이 배워야 할 질적, 비판적 사고에 대한 기대와 그들이 배운것을 나타내는 방법 그들이 얼마나 성취할 것이며 생각할 것인가. 그들이 무엇을 하고, 말하고, 쓰고, 입증하고, 고려하고, 생산할 수 있을 것인가를 지적해야 한다. 다음의 예에서 보여지듯이 목표에 포함되는 요소는 1) 일반적인 목표, 2) 행동이나 비판적 사고의 목표, 3) 성취 또는 적용될 수 있는 질적 기준, 4) 어떠한 조건이다.

(1) 지식

세계의 상호의존성을 이해하기 위하여(목표) 학생들은 뉴스 보도에 나타난(조건) 국가간의 무역에 대한 세가지 예(성취 수준)가 어떻게 국제무역에 대한 예증이 되는지를 설명해 보고(행동), 경제적 상호의존에 관해 검증해 볼 수 있는(질적 수준) 가설을 제시할 것이다(비판적 사고목적).

(2) 사고과정

연령과 투표유형에 관한 기록이 주어지면(조건), 학생들은 증거로써 제시되는(질적 수준), 대통령 선거에서 나이와 투표유형간의 관계에 대한 일반화(비판적 사고목적)를 말함으로써(행동), 자기들이 지니고 있는 일반화하는 능력(목표)을 표현해 보도록 한다.

(3) 기능

로마제국의 영토변화에 대한 지도가 주어지면(조건), 학생들은 거기서 찾을 수 있는 세가지 주요한 변화(성취수준)를 설명함으로써(행동), 지도를(대상), 해석하는 능력을 보여 줄 수 있을 것이다(비판적 사고의 목표).

(4) 태도 · 가치

소수민족들이 겪는 불평등의 예를 열거하면(조건), 학생들은 불평등을 제거하기 위해 취할 수 있는(질적 성취 수준) 셋 또는 그 이상의 행동을 진술하거나(행동), 비판적으로 검토함으로써(비판적 사고의 목표) 정의를 입증할 것이다(목표).

목표에 대해 자세한 설명을 하려면 간혹 다음 두가지 요소를 포함하기도 한다. 시간목표가 언제 성취되어야 하는가. 그리고 학급수준 어떤학생들이 목표를 성취해야 하는가. 예를들어 그 단원의 마지막까지(시간), 모든 학생들은(학급수준) 논쟁의 논리와 증거의 질적 수준에 따라(성취와 질적 수준) 그것들을 분류하여(행동) 학급에 제시된(조건) 여성의 권리에 대한 다섯가지 항목을(대상) 평가해야 한다(비판적 사고의 목표)

2) 목표진술을 위한 지침

목표진술을 할 때 지켜야 할 일반적인 법칙은 목표를 분명하게 하는데 필요한 요소들만을 포함해야 한다는 것이다. 목표가 분명히 드러나 있거나 더 이상 설명할 필요가 없다고 생각되면 조건을 진술할 필요가 없다. 예를 들어서 백지도를 완성시킨다는 것이 목표일 때 만일 "백지도가 주어진다면" 라는 식으로 진술할 필요는 없다. 한 단원이나 내용에 필요한 목표가 처음에 세세히 열거되었다면 그 단원(혹은 그 과정) 끝에 가서 하나하나 개별적으로 다시 반복시킬 필요는 없는것이다.

즉 예를 들어 "제국주의를 설명하는 것" 또는 "역사 연구에서 얻을 수 있는 셋이상의 가치에 대해 설명하는 것" 등의 목표를 모든학생들이 반드시 성취해야 함이 명백할 때는 그 학급의 표준을 언급할 필요는 없다. 목표가 설정되고 그것에 필요한 요소들이 결정되었을 때 항상 염두에 두어야 할 특별한 요점은 다음과 같다.

(1) 목표

우선 수업의 목표가 될 만한 가치나 기능, 사고과정, 지식 등을 기록해 둔다. 예를 들어보면 수업의 목표를 다음과 같이 정할 수 있다; (a)편견이라는 개념을 배우고 (b)사고 과정에서 일반화시킬 수 있는 능력과 (c)인터뷰 할 수 있는 기능 (d)다른 문화권 민족에 대한 긍정적인 태도를 배운다.

(2) 행동

행동이나 실행은 수업의 목표가 결정되고 나서 학생들이 무엇을 할 수 있는가라는 점에서 언급되어져야 한다. 예를 들면, 선입관의 개념에 대해 설명한다든지, 일반화에 대해 언급해주는 것, 인터뷰에 대한 계획을 세우는 것과 외국 문화권에 있어서의 그 민족에대한 업적 등을 상세히 제시하는 것 등이다. 일반적으로 수업의 대상에 대하여 다음과 같은 어휘들이 사용되어질 수 있을 것이다.

▸ 지적하다 · 묶다 · 분류하다 · 배열하다 · 배합하다 · 순서를 정하다 · 선택하다.
▸ 기술하다 · 진술하다 · 설명하다 · 이야기하다 · 제출하다 · 이름짓다 · 보고하다
▸ 쓰다 · 열거하다 · ~에 명칭을 붙이다 · 밑줄을 치다 · 강조하다 · 간략하다.
▸ 나타내다 · 실행하다 · 보이다 · 역할수행을 하다 · 무언극을 하다 · 만들다 • 작성하다 · 준비하다 · 모으다 · 구성하다.

앞에서 말한 네가지 목표의 범주에 이용되는 동사는 다음과 같다.

▸ 지식: 기술하다 · 열거하다 · 쓰다 · 위치를 정하다 · 가리키다 · 선택하다 • 배합하다 · 되풀이하다 · 재 진술하다 · 다시 말

을 만들다.

▶ 사고과정: 해석하다 규정하다·설명하다·예증하다·요약하다·이야기하다·자신의 말로 진술하다. 비교하다 차이점과 유사점을 설명하다·어떻게 같으며 다른지 진술하거나 쓰다. 분류하다 묶다·구분하다•배열하다•순서를 정하다·위치하다·재분류하다. 일반화하다 공식화하다·진술하다·쓰다·일반화를 이끌어내다. 분석하다 부분으로 나누다·나누다·주요한 부분을 말하거나 쓰다·조직원리를 설명하다.

종합하다 - 모으다·결합하다·구성하다·설계하다·함께 묶다. 가정하다 형성하다·공식화하다·가정을 제안하다·가정을 진술하다. 예언하다 예상하다·계획하다·예견하다. 평가하다 등급을 정하다·평가하다·계급을 나누다·가치를 진술하다.

▶ 기능: 실행하다·완성하다·수행하다·이행하다·사용하다·연습하다.

▶ 태도·가치: 선택하다·뽑다·지원하다·옹호하다·방어하다·칭찬하다·추천하다·거부하다·반대하다·끊임없이 보이다(나타내다).

목표 진술을 할 때 주로 사용되는 두가지 동사는 “정의하다”와 “알아내다”이다. 다음과 같은 지시사항을 덧붙임으로써 학생들이 어떻게 나타낼 것인지를 제시해준다: 정의하다 (밑줄을 긋는다). 알아내다(지적하다). 그 외에 원을 그린다, 표시한다, 등의 표현도 또한 사용된다. 몇몇 교사들은 겉으로 드러나지않는 행동을 지시할 때 이해하다, 알다, 평가함 등의 동사를 자주 사용한다. 예를 들어 첫번째 수정안에 의해 보장된 권리에 대한 이해를 발전시키기 위하여. 미국 흑인들의 업적에 관한 평가를 발전시키기 위하여. 이것은 학생들이 어떻게 이해나 평가를 입증할 것인지가 명확하지 않다. 그런 말들을 사용하려면 겉으로 드러나는 행동을 지시하는 말을 첨가하거나, 혹은 질적이고 비판적인 사고에 대한 지침을 제시해 주어야 목표가 명백해 질 것이다. 예를 들어 첫번째 수정안에 의해 보장된 권리가 의미하는 것을 설명하거나, 혹은 그 권리에대한 가정을 적절하게 진술함으로써 이 수정안에 대한 이해를 나타내 보도록 한다. 다섯가지의 업적과 그것을 택한 이유를 보고함으로써 미국 흑인들의 업적에대한 평가를 보여준다.

(3) 비판적 사고의 목적

사회과의 수업은 단순한 진술, 기계적인 보고, 설명, 그리고 쓰는 기술 그 이상의 것을 개발시키기 위한 것이기 때문에, 목표에는 비판적 사고의 목적이 내포되어 있어야 한다. 그러면서도 또한 사회과학습은 지도읽기, 특수한 어휘 만들기, 사회과에 대한 것 읽기, 그리고 행동이나 성취목표를 효과적으로 수행하기 위한 통계분석과 같은 기본적인 기술의 개발을 병행해야 한다. 그러나 사려깊은 시민을 만드는 것과같이 범위가 넓고 의미있는 목표는, 즉각적으로 눈에 띄거나 측정할 수 없다. 왜냐하면 좁은범위의 행위목표만 가지고서는 설명할 수 없기 때문이다. 그러므로 단원목표에 비판적 사고가 포함되어 있어야 한다.

수업목표에 포함되어 있는 비판적 사고는 교사가 학생들이 문제를 검토하고 적절한 가설의 발전, 다양한 자료로부터의 증거이용, 개념과 일반화의 수정, 결론의 추출과 의사 결정, 결과의 검토, 생산적인 비판을 할 수 있는 능력이 있는가 판단을 내리려고 할 때 다소 융통성을 제시해 주는 것이다. 사회과에서 학생들이 보여 줄 수 있는 창조성, 혁신성, 개성 등의 폭은 수업목표의 일부인 비판적 사고에 근거해서 제공 되어지는 것이다. 비판적 사고의 목적은 수업목표(목표에 대한 여러 견해를 이해하면서), 표현형태(교과서를 비판하면서), 또는 기능적 작업(미래의 인류 사회에 대한 실험, 가설을 개발하기 위해 세계지도 위에 수출과 수입을 기록하는 것을 이용)를 넘어선 부가적 목적으로서 정의될 것이다.

(4)양적, 질적 표준

어떤 표준이나 기준은 양적(quantitative) · 질적(qualitative)인 용어로 진술되거나 두가지를 조합하여 진술되어지기도 한다. "다섯가지 혹은 그 이상", "열가지 중 여덟", "적어도 셋" 등의 숫자와같은 양적인 용어는 다음과 같은 목표에서 성취 수준을 나타내는데 사용된다. 편견을 이해하기 위하여(목적) 지정된 읽기 자료에(조건) 나타난 편견의 원인에 대한 세가지 이론을(양적 표준) 설명한다(행동). 다섯가지의 광고를 제시해 주고(조건) 학생들이 세가지 혹은 그 이상의(양적 표준) 광고안이 판매를 증진시키기 위해 어떻게 이용되는가를 기술함으로써(행동) 그것들을 분석할 것이다. "증거에 기초한", "~표준에 따라", "~와 질적으로 유사한", "적당하게 혹은 그 밖의 비 양적 표준과 같은 질적 용어는 다음과 같은 문항에서 적절하게 사용된다. 소수 그룹에 대한 편견을 줄이기 위하여(질적 표준) 학급 구성원들에게 받아들여질 수 있는(질적 표준) 행동을 조사하여(비판적 사고목적) 보고하게 함으로써(행동) 의사결정 능력을 지적하여라(목적). 그것들을 해결하기 위하여 채택된 조처에 의해서, 1930년대와 1960년대 두기간 동안의 비판적인 사회문제가 어떻게 같으며, 또 다른가를(질적 표준) 설명 함으로써(행동) 비교 분석하여라(비판적 사고목적). 양 · 질의 두표준이 조합되어 사용된 보기는 다음과 같다.

학기중간까지(기간) 학생들은 수업중에 토의된 보고서를 작성하기 위해(질적 표준) 셋 또는 그 이상의(양적 표준) 자료와 토론회에서 통계를 얻어 보고서를 작성함으로써(행동) 종합하는 능력을 입증할 것이다(비판적 사고목적). 주어진 자료에서(조건) 증거에 입각한 가족생활의 경향에 관해 적어도 두가지(양적 표준) 일반화를 설명하고. 개인적 경험을(질적 표준) 반영 함으로써(비판적 사고목적) 일반화하는 능력을 입증해 보아라(목적).

여기에서 기억해야 할 중요한 점은, 학생들의 업적의 질을 평가하는데 있어서 교사의 판단이 요구된다는 점이다. 또한 양적인 업적 수준을 사용할 때일지라도 교사들만이 평가할 수 있는 질적인 차이가 있는 것이다. 또 한가지 주의해야할 점은 명확한 말을 쓰려고 한다거나 "교사 판단대로"와 같은 말 등을 첨가할 필요가 없다는 것이다.

(5) 조건

목표달성을 나타낼 때는 반드시 어떤 자료나 제한점 같은 특별한 조건이 제시되어야 한다. 예를 들어, 어떤 자료가 제공되어야 한다거나, 학생이 숙제를 하기 위해서 참고서를 사용해야 한다면, 이러한 조건이 제시되어야 한다. "사전을 참고하여"

(학생들은 ~의 의미를 알 것이다) "주지 사항 없이"(학생들은 ~을 열거할 것이다) 또는 "주지사항을 사용해서" (학생들은 일반화된 사항을 서술할 것이다) 등의 예문이나 어구가 사용된다.

(6)학급표준

목적을 달성해야 하는 학생은 다음과 같은 말로 지적될 수 있을 것이다. 즉 "중학교 2학년 수준에 있는 학생", "대학 준비 과정에 있는 학생", "학습하는 데 지장이 없는 학생", "세계사를 다 배운 학생" 등과 같은말로 지적될 것이다. 책무성 평가 계획에서 이러한 학습을 요구받았을 때, 하나의 목표를 달성해야 하는 학생들은 다음과 같은말로 구별되어 진다. "모든 학생", "90%"(또는 다른 평가 기준으로), 또는 "읽는 데 지장이 없는 학생들" 등이다. 그러한 평가를 하기 위해 마련된 부분적인 절차와 지침은 다음을 따라야 한다.

(7) 평가의 시기

이것은 "그 단원 끝에서" 또는 "그 과정 끝에서" 같은말로서 표현되어질 수 있다. 앞에서 지적한 것처럼 목표가 어떤단원, 교과과정, 책무성 평가계획을 위해 함께 묶여져 있을 때는 이러한 말들이 필요하지 않다.

(8) 책무성과 목표

어떤 학교에서는 특별한 책무성 평가계획에 대하여 자세한 진술을 하도록 하거나 적성검사 프로그램을 위한 세밀한 특수 자료를 요구한다. 교사가 직접 개인적인 계획을 사용할 때나 시간, 조건 또는 그 밖의 요소들이 명백할 경우에는 보다 간략한 진술로 나타낸다. 다음의 예에서 교사가 무엇을 할 것인가 아니면, 그 단원이나 내용에서 설명하고자 하는것에 중점을 두기보다는 학생들이 무엇을 배울 것인가에 주목을 해야 한다. 다음과 같이 진술하지 말아야한다.

① 경제학의 개념과 원리에 대한 교과과정에 초점을 맞추어라.

② 사례연구를 분석하는 법을 교육시켜라.

③ 사고과정과 기술을 개발시킬 수 있는 활동을 주어라.

그러한 말들은 교과의 내용이나 수업활동에 대한 설명이지, 교육후에 학생들이 무엇을 할 수 있는가에 대한 설명이 아니다. 만일 위의 진술들을 변화시켜 수업목표로 삼고자 한다면, 학생들이 무엇을 할 수 있을까에 초점을 맞출 필요가 있다. 예를들어, 수업목표가 사고과정의 개발이나 목표가 되는 것으로는 다음과같다.

주어진 자료에서 나타난(조건) 비판의 수준과 비슷한(질적 표준) 역사연구에 관한 셋 또는 그 이상의 가치에 대한 비평을(비판적 사고의 목적)씀으로써(행동) 비판적 사고를 개발한다.

(9) 개방적 목표와 비개방적 목표

개방적 목표와 비개방적 목표는 다같이 사회과에서 사용되어진다. 아래 예에서 보여지듯이, 개방적 목표는 창조적이며 개성있는 사고를 발달시키는데 사용된다.

도덕적 혼란이 일어났을 때(조건), 학생들은 세가지 추천된 책들 중에서 한가지 책에서 사용한 정의를 기준삼아(질적 표준) 그것을 기반으로 하여 진술함으로써(행동) 이성적인 능력을 나타내 보도록 한다(비판적 사고 목표). 비개방적 목표는 아래 예에서 보여지듯이, 학생들에게서 유사한 행동이나 반응을 요구하는 지식, 기술, 태도를 개발시키고자 할 때 유용하게 쓰인다. 적어도 다섯 개의 용어가 주어졌을 때(조건), 학생들은 교과서에서 쓰인 용도와 유사한 방법으로(성취 수준) 각각을 규정 함으로써(행동) 그것들에 대한 이해를 입증할 것이다(목적).

3) 수업표에 대한 비판

일반적으로 수업목표를 성취하기 위해 지나치게 특별한 행동이나 목표달성을 반복해서 강제하게 되면 그 목표에 대해 실증을 느끼게 된다. 어떤 교사들은 다음과같이 말하기도 한다. 일년 동안의 수업목표가 주어졌다면 무엇때문에 그 목표가 '1년 안에 끝날 수 있겠는가'라는 말을 반복하고 있는가?

우리가 항상 학생들의 능력을 향상시키기 위해 일하고 있음을 인정하고 있으면서 수업 목표마다 '~할 능력을 개발시키기 위해' 라고 되풀이해서 말해야 할 필요가 있는가? 행동목표가 측정하기 쉬운 기능이나 지식으로 제한된다고 불평하는 사람들도 있다. 태도나 가치, 관심 등은 측정하기 어렵기 때문에 무시되는 경우가 있다는 것이다. 대부분 즉각적이고 쉽게 측정할 수 있는 결과에 초점을 두기 때문에 장기적인 교육성과는 무시되어 질 수 있다. 또한 학습하는데 특수하고 눈에 띄는 과업만을 성취하고자 하기때문에 학습의 질에대해서는 그냥 지나치기 쉽다.

분석이란 종합을 분리해서 만들어야만 되기때문에 효율성을 지나치게 강조하게 되어서 학생들의 최적의 발달을 도와주기보다는 최소의 표준을 제시해 줄 뿐이다. 양적 표준의 사용을 지나치게 강조하면 교사의 전문적 역할은 파괴될 수도 있다 (Nelson, 1976). 또 한가지 고려할 사항은 하찮은 사실이나 깊이가 얕은지식이 지나치게 강조된다는 점이다. 사실상 이런 일들은 많이 일어나고 있다.

그러나 교육을 계획하고 평가하는 데 특수한 목표를 사용하지않는 교사에게도 이러한 오류가 나타날 수 있다. 교사가 사회과 수업을 할 때 높은수준으로 끌어 올리려고 하지 않는다면 이렇게 하찮은 사실을 강조하게 된다는 것이다. 자신의 교육목표를 설정함으로써 학습수준을 실제 이상으로 끌어올리는 것은 가능하다.

간단히말해 교육목표는 앞에서 지적했듯이 수업과 학습의 개선을 위한 도구로써 이용되어야 한다.

제2장 사회과 교육방법 교육의미 및 특성과 편제

1. 사회교육 방법의 개념

교육이라는 개념은 매우 포괄적 의미를 지니고 있지만 대체적인 의미를 설명해 보면 인간을 바람직한 방향으로 이끌어가는 하나의 의도적 과정이라고 할 수 있다.

이러한 의도성을 지닌 변화 과정에는 여러가지 방법이 도입되고 각 방법은 독특한 특성을 지니고 있으므로 교육방법은 교육목적을 달성하기 위하여 준비된 교육내용을 구체적으로 실현하는 방식을 의미하기 때문에 교육방법이 지니고있는 특성에 따라 교육목적 달성과 교육내용 전달의 효과는 다양하게 나타날 수 있게 된다.

그러나 정규적이 교과과정에 의하여 일정한 연령수준에 있는 학생을 대상으로 하는 교육방법은 어느정도 한정화 되어있고 그 다양성이 제한적일 수 있으나, 주로 성인을 대상으로 하는 사회교육 방법은 그 대상자에게 매우 포괄적이면서 다양성을 지니고 있기 때문에 그 교육방법도 매우 다양성을 지닐 수밖에 없다. 특히 성인계층은 어느정도 교육과정을 마쳤거나 이미 내면적 성숙을 가져왔기 때문에 일반학교 교육에서 전개하는 교육방법으로 접근하게 된다면 교육목표의 달성이 어렵게 될 것이다. 그러므로 사회교육 방법은 정규학교의 교육방법과는 다른각도에서 접근되어야 함을 의미하게 된다. 따라서 사회교육 방법은 일반학교 교육방법과는 다른 독특성을 지니고 있다는 점에서 일반교육 방법의 적용원리를 그대로 적용하기 어렵다는 전제하에 접근되어야 하는 교육방법이다. 특히 성인계층에 대한 교육은 일반학교 교육에서 지향하는 교육이념 또는 목적에 해당되는 전인교육에 있다기 보다 성인들이 일상생활을 하면서 그때그때 필요로 하는 교양, 정보 및 기술에 대하여 태도 및 행동변화가 일어나 그들의 생활의질을 향상시켜주고 나아가 그들이 살고있는 지역사회의 생활의질이 더욱 향상되도록 하는데 필요한 효과적인 교육방법을 의미한다고 볼 수 있다.

2. 사회교육 방법의 원리

사회교육이 주 대상으로 하고있는 성인계층은 심리적으로 매우 다양성을 지니고 있으므로 이에 적절한 교육방법을 적용해야한다. 왜냐하면 성인계층이라면 청소년, 주부, 가장, 노동자 및 노인 등 실로 그 대상이 영역에 따라 매우 각양각색으로 나타나기 때문에 그들의 신체적, 지적, 정의적 특성이 다양할 수밖에 없다. 그러므로 성인을 대상으로 하는 상호교육 방법을 획일적으로 특성화시켜 그러한 방법으로 전개시키려 한다면 본래의 교육목표를 달성하기가 매우 어렵게 된다. 그러나 성인계층은 다양성이 있는 가운데에서 나름대로의 공통성을 지니고 있으므로 이것을 기초로하여 사회교육 방법을 적용하는데 필요한 몇가지 조건을 제시하면 다음과 같다. (정지웅, 1989 : 42-45)

3. 사회교육 방법의 특성

사회교육은 평생교육의 관점에서 주로 성인계층을 그 주요대상으로 하고 있기때문에 교육방법 면에서도 다른 교육방법과는 다른 독특성이 있다고 볼 수 있다. 사회교육 방법은 사회교육을 전개하기 위하여 교육을 계획하고 이를 수행 및 평가하는 과정 중에서 계획된 내용을 달성하기 위하여 수행하는 과정에 속한다고 볼 수 있다. 성인을 대상으로 하는 교육수행 방법에는 학교 교육과 같이 일정한 교사에 의해서 일정한 교육내용을 전개하는 것과는 매우 다른 특성을 지니고 있다.

사회교육을 전개하는 방법은 교육의 대상, 교육내용 및 교육장소에 따라 매우 다양하게 나타난다. 그러므로 사회교육방법의 특성으로 우선 지적될 수 있는것은 사회교육방법의 원리에 기초한 ①현실성을 중시하는 교육방법 ②학습자의 경험을 최대로 활용하는 교육방법 ③학습자의 자율성을 최대로 반영하는 교육방법 ④문제 해결중심의 교육방법 ⑤성인 발달과업에 따른 교육방법 ⑥성인의 자아를 최대로 발휘할 수 있는 교육방법 등이 있다. 이와같은 사회교육 방법의 특성은 학교교육방법과는 매우 비교되는 방법으로 접근될 수 있겠는데, 이렇게 설명할 수 있는 배경으로는 첫째, 인간은 20세 이후부터의 지능은 크게 발달되지 않으나 판단력, 응용력 등은 계속 신장 될 수 있으며, 창의력은 연령에 크게 제한받지 않는데. 둘째, 심리발달의 단계면에서 보면 성인 초기에는 친밀감, 중년기에는 생산성, 노년기에는 삶의 완성 내지 자아통합에 대한 관심이 높다. 셋째, 경험을 중심으로 한 학습자원과 준비도가 증대된다. 넷째, 현실적 문제해결과 학습내용의 직접적 이용에 대한 강한 욕구가 있다. 다섯째, 자아개념의 강화와 자율관리의 증대 등이 있다.

4. 사회과 교육의 특성과 편제

사회과 교육의 특성을 규정하기란 대단히 어려운 일이나, 일반적으로 사회과교육의 특성은 다음과같이 정리해볼 수 있다.

1) 사회과 교육은 교육의 본질을 추구하는 교과서이다.

사회과는 사회적 효율성과 시민성 함양이라는 목표를 추구하기 위해 성립된 것이므로, 전통적인 역사, 지리를 중심으로 한 사실적, 단편적인 지식의 전수가 아닌, 산업사회를 바르게 살아갈 인간형성, 시민형성을 직접적인 목적으로 하는 교과라는 기본적 성격을 띠게 되었다. 그렇기 때문에 사회과는 교육의 일반목표와 구별하기 어려운 교과목표를 가질 수밖에 없고, 내용 구성상의 어려움을 겪을 수밖에 없지만, 도구 교과와 달리 교육의 본질적 목표를 추구하는 '인간 교육' 교과로서의 역할을 수행하지 않으면 안된다.

2) 사회과 교육은 시민교육의 교과이다.

인간형성, 시민형성을 직접적인 목적으로 하는 본질 교과라는 성격에서 파생되어, 사회과는 시민적(국민적) 자질의 육성을 추구하는 교과라는 일반적 합의가 이루어져 있다. 시민적 자질의 육성을 추구하는 교과라는 일반적 합의가 이루어져 있다. 시민적 자질에 대한 개념을 어떻게 정의할 것이며, 시민적 자질 육성이라는 과정을 어떻게 설정할 것인가에 대해서는 완전한 합의가 이루어져 있지 않지만 일단 다음과같이 정리할 수 있다.

먼저, 시민적 자질이란, 포괄적인 사회성원으로서의 자질로 확대 해석할 수는 없고, 정치적 공동체의 성원으로서의 자질로 보아야 하겠다. 사회과에서 육성하고자 하는 시민적 자질을 포괄적인 사회성원 으로서의 자질로 보았을 때, 사회과 교과로서의 경계선이 불분명해지기 때문이다. 사회과는 정치적 공동체의 구성원으로서 적극적으로 참여하고, 합리적으로 판단하여 행동하는 인간의 육성을 목적으로 하고 있다. 또한, 사회과가 시민적 자질육성을 지향한다고 하더라도, 직접적으로 특정한 가치나 덕목을 주입하는 교과로는 볼 수 없다. 학교 교육의 본질상 과학적 사회인식을 토대로 한 것이어야 한다. 사회과는 1차적으로 사회를 바르게 인식시키려는 교과이고, 그러한 사회인식의 과정에서 또는 결과로서 바람직한 시민적 자질의 육성을 기대할 수 있을 것이다.

3) 사회과 교육은 종합적 · 통합적 교과로서의 특성을 지닌다.

사회과는 특정학문을 그 계통에 따라 교수할 목적으로 개발된 교과는 아니었다. 종래의 교육이 개별학문의 교수에 지나치게 치중되었기 때문에 정작 시민적 자질 육성은 물론, 현실 사회 인식교육을 하지못했다는 반성에서 사회를 가르칠 목적으로 사회과가 개발되었던 것이다. 사회과는 과학의 논리보다 교육의 논리를 우선한다는 성격이 명확했고, 따라서 학문적 계통보다는 경험을 중시하고, 실제 사회생활 및 사회문제를 종합적, 통합적 시각에서 조직해야 한다는 견해가 주도해 왔다.

사회과가 종합적, 통합적 성격과 구조를 가져야 하는 이유는 다음과 같다.

첫째, 사회과교육을 통해 육성하려는 시민적 자질이 종합적이고 복합적인 성격을 띠고 있다.

둘째, 사회과의 탐구대상인 사회 또는 사회문제 그 자체가 역시 종합적인 시각에서 파악되지 않으면 안 된다.

셋째, 사회인식이란 사회적 사실, 현상의 계열화, 구조화에 대한 이해를 통해 가능해지기 때문이다.

넷째, 사회과 교수를 통해 성취하려는 학습자의 일식·사고체계의 재구성은 개별과학의 계통적 지식만으로는 불가능하기 때문이다.

4) 사회과 교육은 방법을 중시하는 교과이다.

교수 이론상 가장 오랜 논쟁점이 되어온 내용과 방법 중 어디에 중점을 두느냐에 따라 사회과를 분류할 때, 이 교과의 성격을 이해하는데 유익한 시사점을 발견할 수 있다. 한쪽 극에 내용 중심의 사회과를 위치시키고, 다른 한쪽 극에 방법중심의 사회과를 위치시킨다면, 현실적으로 존재하는 사회과는 양극을 잇는 연속체 선상의 어딘가에 위치한다. 현존하는 어떤 사회과도 극단적으로 내용(지식, 가치)만을 가르치지 않으며, 또 극단적으로 방법(지식형성 과정이나 절차, 가치화의 과정이나 절차)만을 가르치지도 않는다. 사회과는 역사, 지리, 사회과학들의 지식과 사회에서 필요로 하는 가치, 덕목을 가르친다. 그러나 사회과는 지식이나 가치의 전수만을 목적으로 하는 폐쇄적인 교육 과정을 배격해 왔다. 오히려, 사회과가 추구해 온 것은 객관적인 지식, 가치형성의 과정을 경험하게 함으로써 학습자의 인식 체계, 가치 수용체계를 재구성시키려는 열린교육의 과정이었다. 이런 의미에서 사회과는 방법중심의 교과성격을 지닐 수밖에 없다. 특히 제7차교육과정은 21세기의 세계화, 정보화 사회를 주도할 자율적이고 창의적인 한국인 육성을 기본 방향으로 설정하여, 학생의 건전한 인성발달을 도모하고 다양한 능력과 적성을 존중하며 창의적인 능력을 기르고자 하는 학생중심의 교육 과정이다. '학습자중심의 수준별 교육과정'을 표방한 제7차교육과정의 사회과 편제에서는 국민공통 기본교육 과정의 신설과 함께 많은변화를 보여주고 있다. 즉, 고등학교는 국민 공통교육기간의 10학년과 선택교육기간인 11-12학년으로 나눌 수 있다. 먼저, 고등학교 1학년인 10학년에서는 9학년까지의 학습내용을 종합, 정리하여 보다 심화된 수준의 지식과 기능을 습득시키고, 이들을 보다 높은수준의 현실문제에 적용시킬 수 있도록 하였다. 또한, 11-12학년의 선택 교육기간에는 사회과 관련 1개 과목의 일반선택 과목과 9개과목의 심화 선택과목으로 구성되어 있다.

5) 제7차 교육과정의 사회과 편제에서는 다음과 같은 사실을 읽을 수 있다.

첫째, 제6차 고등학교 사회과에서의 「공통사회」 과목이 없어지고 10학년 「사회」로 대체 되었다.

제 6차 고등학교 사회과에서의 「공통사회」 과목은 고등학교 사회과 각 과목의 목표를 안내하고 통합적인 사회인식과 의사결정 능력의 신장 등을 위한 공통 필수과목으로 되어 있다. 그러나 영역은 크게 일반사회 영역과 지리영역으로 나누어 교과서도 별도로 개발하고 단위수도 별도로 배당, 이수하도록 하고 있다. 그러나 제7차 교육과정에서는 10학년 국민공통기본 교육 과정에 입각하여 제6차 교육과정상의 「공통사회」과목은 고등학교 10학년 「사회」로 대체되고, 「공통사회」과목의 교과서가 「일반사회」와 「한국지리」의 별책으로 편찬되어 있던 것은 1책으로 편찬하도록 하였다. 그리고 10학년 사회의 내용구성은 지리영역과 일반사회 영역을 중심으로 각 영역에서 세계사 관련내용을 통합하도록 구성하였다.

둘째, 제7차 교육과정의 편제상에서 선택교과는 크게 두 가지로 나누어진다. 하나는 일반선택 과목이며, 다른 하나는 심화선택 과목이다. 일반선택 과목이 갖는 편제상에서의 성격은 국민공통 기본교과의 학습을 정리하면서 심화선택 과목의 학습을 위한 준비 교과로서의 성격을 지니고 있다. 즉, 일반선택 과목은 국민공통 기본교과와 심화선택 과목을 연결하는 교과목의 성격을 지니고 있는 것으로, 각 교과별로 하나씩의 과목을 개설하여 선택하도록 하고 있다. 사회과의 경우에는 「인간사회와 환경」과목이 이같은 성격을 갖는 교과목으로 개발되었다.

심화선택 과목은 국민공통 기본교과와 일반선택 과목의 학습을 기초로 하게되며, 각 교과 영역별로 2-4과목씩의 심화선택 과목을 두고있다. 지리영역의 경우에는 심화선택 과목으로 「한국지리」, 「세계지리」, 「경제지리」 과목이 개발되었으며, 역영역의 경우에는 「한국 근·현대사」와 「세계사」과목이, 그리고 일반사회 영역에서는 「법과사회」, 「정치」, 「경제」, 「사회·문화」가 심화선택 과목으로 개발되었다.

셋째, 학습자들의 수준을 고려한 심화선택 과목의 개설은 학생들의 흥미 및 장래 진로를 반영할 수 있게 한다는 점에서 커다란 의미가 있다. 동일한 교실 속에서 함께 학습에 임하는 학생들 사이에서도 지적이고, 정서적인 측면에서의 차이는 다양할 것으로 생각된다. 따라서 다양한 심화선택 과목의 개설은 학습자들의 지적, 정서적인 욕구를 충족할 수 있는 수요자 중심의 교육과정의 개발을 시도 하였다는 것이다.

<표 2-2> 제7차 교육 과정의 사회과 편제

<table>
<tr><td colspan="3">교과목 및 단위</td><td>필수 선택</td></tr>
<tr><td colspan="2">국민공통 기본
교육과정</td><td>사회10
(국사4단위포함)</td><td>공통 필수(필수)</td></tr>
<tr><td rowspan="10">사회</td><td rowspan="10">선택
중심
교육
과정</td><td>인간사회와
환경(4)</td><td>일반 선택 과목(선택)</td></tr>
<tr><td>한국지리(8)</td><td rowspan="9">심화 선택 과목(선택)</td></tr>
<tr><td>세계지리(8)</td></tr>
<tr><td>경제지리(8)</td></tr>
<tr><td>한국 근·현대사(8)</td></tr>
<tr><td>세계사(8)</td></tr>
<tr><td>법과사회(6)</td></tr>
<tr><td>정치(8)</td></tr>
<tr><td>경제(6)</td></tr>
<tr><td>사회·문화(8)</td></tr>
</table>

※ 괄호 안의 숫자는 단위 수이며, 1 단위는 매주 50분 수업을 기준으로 하여 1하기(17주)동안 이수하는 수업량이다.

제3장 사회과의 성격과 목표

1. 사회과의 성격

1) 사회과의 개념과 최종목표

사회과는 사회현상을 올바르게 인식하고, 사회에 관한 지식을 습득하고 생활에 필요한 기능을 익히며, 민주사회 구성원에게 요청되는 가치와 태도를 지님으로써 민주시민으로서의 자질을 육성하는 교과이다. 이를 사회과의 개념 및 최종 목표의 측면에서 보면, 건전한 시민적 자질의 육성과 인간형성을 강조하고 있음을 알 수 있다. 즉, 사회과는 민주시민의 자질을 길러주는데 주도적인 역할을 하는 교과라는 점과 바른사회 인식을 바탕으로 지식, 기능, 가치 · 태도를 고르게 습득시킴으로써 인간형성에 중심적 역할을 하는 교과라는 점을 드러내고 있다.

시민적 자질에서는 ①폭증하는 정보의 수집, 처리, 활용능력 ②객관적인 정보와 가치준거에 따른 합리적인 판단 및 의사결정능력 ③지역사회와 세계에 대한 이해를 통한 개방적이고 창의적인 사고력 ④인간의 존엄성을 인식하고 인간관계를 중시하는 도덕성 ⑤우리의 국토와 지역, 전통문화에 대한 이해를 바탕으로 한국의 문화적 정체성과 공동체에 대해 헌신하는 태도 ⑥전 지구적 관점에서 세계의 문제를 이해하고 해결하려는 세계시민의 자질을 제시하여, 특히 세계화 · 정보화 · 개방화 시대에서 중시되는 시민적 자질을 강조한다.

그런데 사회과를 인식대상으로서의 사회를 다루는 교과로 보는 입장과 생활 · 활동영역으로서의 사회를 다루는 교과로 보는 입장으로 나누어 보면, 현재에는 두가지 입장을 동시에 추구하는 이상적인 형태의 사회과를 지향하고 있다. 즉, 사회인식을 토대로하여 시민적 자질을 육성하는 것, 다시 말하면 일차적으로 사회인식 능력을 형성하고 궁극적으로 가치 및 태도, 행동목표에 도달하려는 것이다. 다시 말해서 능력중심의 시민적 자질육성 하려는 것이다. 한편 제7차 사회과교육 과정이 학습자중심의 수준별 교육과정을 추구한다는 측면에서 사회과 교육의 성격을 규정할 수 있다. 이 점은 학습자의 사회인식과정을 실제적으로 고려하는 '방법' 차원에서의 성격 규정이기도 하다. 여기서 '학습자 중심'이라 함은 학습자의 능력과 흥미를 존중하는 개별화 학습과 학습자 스스로 학습과정에 능동적으로 참여하는 자기주도적 학습을 강조하는 것이다. 그리하여 제7차 사회과 교육과정은 학습자의 자기주도적인 사회인식과정 및 방법이 중시되는 방법중심 사회과로 그 특징을 찾을 수 있겠다. 즉, 방법중심의 사회과의 고유성을 강조한 교육과정이면서, 내용면에서 다음과 같은 조화의 관점에서 구성하였다.

□ 시민적 자질중시의 사회과와 사회과학 중시의 사회과 사이의 조화
□ 기본생활 교과로서의 사회과와 학문으로서의 사회과 사이의 조화
□ 통합성을 추구하는 사회과와 계통성을 유지하는 사회과 사이의 조화

결국, 사회과는 현명한 한국인을 양성하기 위하여 사회와 관련되는 역사, 지리, 제 사회과학적 지식의 이해와 더불어 변화되는 사회적 상황속에서 바르게 판단하고 행동할 수 있는 제반능력과 태도를 익히도록 하는데 충실해야한다.

2) 사회과학의 학습요소, 내용의 선정 및 조직

위에서 제시한 사회과의 성격에 따르면, 사회과는 사회와관련되는 광범위한 분야의 자원으로부터 학습요소를 선정한다. 즉, 역사, 지리, 제 사회과학 등에서 사회과교육에 필요한 지식과 가치, 학습방법과 절차, 학습자료 등에 관한 요소를 선정하고 조직한다. 지식에 관한 요소로는 지리, 역사 및 제 사회과학의 개념과 원리, 사회구성원으로서 이해하여야 할 사회의 기능적 요소와 제도, 미래에 대한 지식, 현대사회의 문제와 논쟁점 등에 관한 것이다. 그리고 사회과에서의 학습방법과 절차적 요소는 지리, 역사 및 제 사회과학의 연구방법에 기초한 탐구와 관련된 요소들은 비롯하여 사고과정, 문제해결 절차, 의사 결정과정, 정보의 수집 · 처리 · 가공, 의사 표현과정 및 방법, 다양한 의사소통의 과정 및 방법 등과 관련된 요소들이다.

가치 및 태도와 관련해서는 인권존중, 자유, 평등, 사회정의, 참여, 책임감, 의무, 협동, 충성심, 성실성, 지도력 및 주도력 등과같은 사회생활의 각 분야에서 나타나는 여러가지 요소들을 다루게된다.

사회과에서는 우리의 삶의 터전인 국토의 이해를 바탕으로 우리민족의 역사와 활동을 종합적으로 파악하고, 우리의 현실을 역사적인 시각에서 이해하고, 한국인으로서의 민족적 정체성과 세계시민 으로서의 가치 · 태도를 기른다. 사회과에서는 이러한 요소들이 학문적 개념이나 생활주제를 중심으로 통합되어 전체 사회과 교육내용의 체계를 이룬다. 사회과 교육과정의 운영 및 단원의 학습전개에 있어서도 이러한 통합의 원칙을 고려하여 인간과 공간, 인간과 시간, 인간과 사회영역의 내용이 종합적으로 이해되도록 하고, 지식, 경험, 생활이 서로 통합되어 습득한 지식을 실생활에 적용할 수 있도록 하여야한다.

3) 사회과 교수 · 학습전력 및 강조점

사회과는 기본적으로 사회적 사실과 현상에 관한 지식을 발견하여 적용하고, 이에 필요한 사고력과 판단력 및 의사결정 능력을 강조하는 교과이다. 그러므로 사회과수업에서는 사고력과 의사결정 능력 등의 신장을 강조하고 학습자가 다양한 탐구방법을 활용하여 스스로 탐구해 가는 학습전략을 지향한다. 즉 논리적 사고를 비롯하여 비판적 사고력, 창조적 사고력, 가치판단 능력, 의사결정 능력을 신장시킬 수 있도록 하기 위해서는 다양한 교수 · 학습방법을 개발해야 한다. 그리고 각 영역의 내용을 학습하는데 적합한 학습방법을 모색하고, 어느 특정한 관점에서 사회를 보지않고 다양한 탐구 및 인식방법을 적용하여야 한다. 따라서 사회과의 교수 · 학습은 기본적으로 사회현상에 관한 지식을 발견하는 발견학습 및 탐구학습에서 나아가, 발견된 지식 및 기능을 적용하는 문제해결 학습, 의사결정 학습, 다양한 견해와 가치를 이해하고 분석하는 가치학습 등을 적절하게 활용 하여야 한다. 또, 사회현상은 시간적 · 공간적 영향을 많이 받으므로, 사회과교육은 시대의 변화에 부응하여 시사적 자료를 적절히 활용하고, 학교와 지역 실정에 맞게 교재를 지역화하여 다루어야한다.

4) 고등학교 사회과의 특성

제7차 사회과 교육과정에서는 초등학교, 중학교, 고등학교 간의 연계성과 학교급별 강조점이 제시되어 있다. 먼저, 초등학교에서는 주위의 현상에 대한 관심, 의문을 가지면서 기초적인 개념을 이해함으로써 일상생활 경험과 적응이 강조된다.

중학교에서는 이러한 초등학교에서의 경험과 적응을 토대로 사회과의 세가지 영역, 즉, '인간과 공간', '인간과 시간', '인간과 사회' 영역에서 중요시하는 지식을 과학적 절차에 의하여 발견, 적용하고 개인적, 사회적 문제를 해결하는 능력과 공동생활에 자발적으로 참여하는 태도를 기르는데 초점을 두고 있다. 특히, 국사에서는 초등학교에서 학습한 인물사, 생활사를 토대로 사건 또는 주제에 따른 구체적인 활동상을 주체적, 발전적으로 이해하도록 하고 있다. 고등학교에서는 초등학교와 중학교 사회과에서 습득한 지식과 능력을 바탕으로 사회현상을 종합적으로 이해하고, 비판적 사고와 합리적 의사결정 능력을 발휘하며, 사회공동문제 해결에 적극적으로 참여하는 시민의식을 기르는데 강조점을 두었다. 결국, 사회과는 초등학교에서 기초적 개념 이해와 적응에, 중학교에서 과학적 절차에 의한 지식의 발견과 적용 및 문제 해결 능력에, 고등학교에서 종합적 이해와 비판적 사고 및 합리적 의사결정 능력에 초점을 둠으로써, 궁극적으로는 사회공동문제 해결에 적극적으로 참여하는 시민의식을 기르고 자발성과 주체성을 가진 인간을 형성하는데 목적이있다.

2. 사회과의 목표

교육과정에서 제시되는 교과와 관련되는 목표를 위계적으로 보면, 사회과의 목표는 교과목표(총괄 목표와 행동 영역별 목표), 학교급별목표, 학년목표단원목표가 있다. 다음은 사회과의 총괄목표와 행동영역별목표이다. 사회과 총괄목표는 국민공통기본 교육과정에서 순차적, 또는 지속적으로 추구되는 목표요소와 궁극적인 목표요소로 구성된다. 다음은 사회과의 총괄목표와 행동영역별 목표이다. 사회과 총괄목표는 국민공통 기본교육 과정에서 순차적, 또는 지속적으로 추구되는 목표요소와 궁극적인 목표요소로 구성된다. 전자의 목표요소로는 사회현상에 관한 기초적인 지식과 능력, 기본개념과 원리의 탐구능력, 우리사회의 특징과 세계의모습에 대한 이해, 다양한 정보의 활용능력, 창의적이고 합리적인 문제해결 능력, 공동생활에서의 참여능력이 제시되어 있다. 후자의 목표 요소로는 개인의발전 및 사회, 국가, 인류의발전에 기여하는 민주시민의 자질이 제시되고 있다. 영역별 목표는 크게 다음과 같이 요약해 볼 수 있다.

□ 사회과의 통합적 성격을 강조하고 있으며 학습내용인 사회의 여러현상과 특성을 그 사회의 지리적 환경, 역사적 발전, 정치 · 경제 · 사회적 제도 등과 관련하여 교과 영역별 지식영역의 목표를 갖는다.

□ 기능영역의 목표로서, 사회현상과 문제를 파악함에 있어 현상과 문제란 역사, 지리, 제 사회과학과 관련되는 문제들이며, 어느 지식영역의 학습에서든 지식과 정보를 획득, 조직, 활용하는 능력이 필요하다. 따라서 사회과에서 탐구능력, 의사결정능력, 사회참여 능력들도 모든 지식영역의 학습과정에서 지식의 이해와 함께 추구되는 것이며, 그렇게될 때 비로소 사회생활에서 나타나는 여러문제를 합리적으로 해결할 수 있는 능력과 의사결정능력이 길러진다는 점을 강조하고 있다.

□ 가치·태도와 관련된 목표로서, 사회과 교육에서 정의적 영역의 교육이 가능함을 강조하고 있다. 사회문제 들에 관심을 가지는 태도와 민주국가 발전에 이바지하려는 태도는 역사, 지리 및 제 사회과학의 모든 지식영역과 관련시킬 것을 요구하고있다.

제4장 사회과의 교수·학습방법

1. 교재의 재구성과 주제 및 문제중심의 접근

교사는 교과서의 단원을 분석하여 학생 자신에게 의미있고 사회적으로 공유되며 풍부한 개념과 일반화가 도출될 수 있는 주제와 문제를 중심으로 내용을 재구성하여 지도함으로써 의사 결정력, 문제 해결력, 그리고 개념화 능력을 기르도록 하여야 한다. 교사는 학습자 개개인들이 그들 자신의 문제이자 실생활에서 경험할 수 있는 주제와 문제를 제시해야 한다. 이를 통해 학습자는 사회현상에 대한 흥미와 관심을 넓히고 인간생활과 사회현상에 대한 원리를 이해하며 이를 실생활에 연계할 수 있게된다. 어떤 주제나 문제, 어떤 학습자, 어떤 상황에서도 똑같이 좋은 효과를 보여주는 단일한 교수 · 학습활동을 전개해야 한다. 예를들면, 질문, 조사, 토의, 관찰 및 면담, 견학, 자원인사초빙, 모형제작, 실험, 역할놀이와 시뮬레이션게임 등의 다양한 교수 · 학습기법이 활용될 수 있다.

2. 통합적 교수 · 학습방법의 기초

사회과는 종합적이며 통합적인 교과이며, 따라서 사회과 교육은 사회현상을 종합적으로 이해 시켜야 한다. 사회과의 통합적 학습은 학문 또는 생활영역간의 통합은 물론, 지식, 기능, 가치 · 태도가 상호 유기적 관계를 맺도록 함으로써 지식과 행동의 통합이 이루어 지도록 해야 한다. 통합의 방법은 활동중심, 탐구중심, 주제중심, 기능중심 등 다양한 형태로 이루어지도록 한다. 사회과의 통합은 다음과 같이 여러 측면에서 접근할 수 있다.

첫째, 사회과의 통합은 학교현장 에서의 수업을 통해 이루어져야한다.

사회과 통합의 이유는 사회과 교육이 1차적으로 사회인식을 목표로 한다는데 있다. 여기서 사회인식은 사회적 사실과 현상을 발견하고 그것을 시간적, 공간적 그리고 논리적 축에 따라 계열화시키는 정신활동에서 시작되는 것이다. 따라서 사회과 교육과정의 운영에 있어서도 어느 한 영역에 치우치지 않도록 하여야 하며, 영역이 분명히 드러난 단원이나 주제를 지도할 때에도 지리, 역사, 정치, 경제, 사회, 문화 등의 여러 영역 생활과의 관련성을 고려하여 지도한다.

둘째, 내용과 경험을 통합하여야 한다.

수업에서 이루어지는 지식은 학습자의 활동, 경험에 의해 의미와 가치를 부여할 수 있어야 한다. 사실적 지식을 바탕으로 서술된 교재를 이용하는 과정에서 교사는 사실적 수준의 정보를 자료나 사례로 보고 그것들로부터 개념을 추출하고, 다시 일반화하는 노력을 기울여야 한다. 학생에게 과다한 사실적 지식의 습득을 강조하면 할수록 사회과에 대한 학생들의 흥미는 반감하고, 이는 학생들의 사고력 발달을 저해하는 요인으로 작용하기도 한다. 그러므로 교사는 사실적인 내용을 과감하게 정선, 축소하고 그것을 학생의 이에 수준에 맞는 형태로 구조화하여 가르쳐야 한다.

셋째, 내용과 방법의 통합이다.

사회과의 지도에서는 내용과 방법의 통합이다. 사회과의 지도에서는 내용과 방법이 유리되지 않도록 하여야 한다. 내용과 방법이 유리되면 경험의 구체적 사례가 도외시되고 학습행위 자체가 직접적인 목적이 될 뿐 아니라, 방법이 획일적 · 기계적으로 처방된 단계로 전락하기 때문이다. 본래, 방법이란 목적의 달성을 위해 지적으로 통제된 활동을 말하며 일정한 방향성을 가진다. 따라서 교육의 목적, 내용, 방법은 분리될 수 없다. 일정한 목적에 따라 내용을 인식하기 위해 어떤 방법을 선택하는가가 학습발달에 중요한 영향을 미친다. 이와같은 원칙에 근거하여 사회과 수업에 적용할 수 있는 학습지도 방법은 발견학습, 사례학습, 역할학습 등 다양하다.

3. 고차적 사고력과 탐구기능의 신장

사회과교육의 목표는 사회현상과 문제를 파악하는데 필요한 지식과 정보를 획득, 조직, 활용하는 능력을 기르고 사회생활에서 나타나는 여러문제를 해결하기 위한 탐구능력, 의사 결정 능력 및 사회참여 능력을 기르는 것이다. 따라서 교사는 교수 · 학습방법도 사고력을 신장시킬 수 있도록 운영하여야한다. 사고력을 신장하기 위한 학습으로는 다음과 같은 것들을 들 수 있다.

□ 개념의 특성을 논리적으로 규명하는 모습
□ 반성적 사고에 의해 원리를 발견하는 모습
□ 발견된 원리를 적용하여 사실을 증명하는 모습
□ 당면문제를 창의적으로 해결하는 모습
□ 가치명료화 학습
□ 어떤 방안을 선택할 것인가 하는 의사 결정학습

학생들은 개념을 정의하는 학습과 문제해결 과정을 통해 논리력을 신장 시킬 수 있으며, 문제를 파악하고 증거를 검토하는 과정에서 비판적 사고를 키울 수 있으며, 문제를 파악하고 증거를 검토하는 과정에서 비판적 사고를 키울 수 있다. 교사는 단원의 어떤 부분에서 어떤 사고를 강조할 것인가를 그 주제의 특성에따라 적절하게 선정하여야 하며, 이는 수업설계 에서부터 고려되어야 한다. 사회현상을 바르게 이해하고 문제를 해결하는 학습과정에서는 문제해결의 각 단계에서 일어나는 구체적인 사고활동을 고려하여야 한다. 예를들면, 문제인지 과정에서는 요약, 중요한 것의 선택, 개념정의, 사실과 가치의 구분, 탐구이유 추론, 문제의 의미해석, 유사사태의 추론 등이 이루어질 수 있다. 가설단계 에서는 정보의 정확성 검토(분석), 번역, 해석, 분류, 요인 및 요인간의 관계분석 등의 활동이 이루어진다. 그리고 결론의 단계에서는 가설과 증거 간의 논리적 관계 검토 · 평가, 가설의 긍정 또는 부정이나, 수정, 여러요소의 종합 등의 활동이 이루어질 수 있다.

체계적인 탐구는 적절하고 정확한 지식을 바탕으로 아이디어들을 논리적으로 발달시키고 결합시키는 기능을 수행한다. 학생들이 구체적인 생활경험을 통하여 사회현상을 이해하고, 그것을 일상생활에 다시 적용하는 기회를 많이 주어 사회과 학습이 쉽고 재미있다는 생각을 하도록 하여야 할 것이다. 이렇게 함으로써 학생들이 복잡한 사회현상을 설명하고 예측하며 당면한 문제를 스스로 해결할 수 있는 힘을 기를 수 있게 된다.

4. 학습자 중심의 수업운영

제7차 교육과정에서 강조하는 학습자 중심의 교육원리는 사회과 교육의 전 과정에 적용된다. 학습자 중심교육의 경향은 구간에 이루어져 온 여러교육 사조에서 중시하였던 학습자 중심의 정신과 오늘날 새롭게 시도되고 있는 구성주의 원리를 오늘의 우리사회과 교육현실에 알맞게 적용하고 있다고 할 수 있다. 학습자중심 사회과 교육방향의 하나는 학습자의 흥미와 욕구, 능력 등을 존중한 학습의 개별화를 이루도록 하는 것이며, 다른 하나는 학습자가 능동적으로 수업에 참여하여 자기주도적으로 학습해 가도록 하는 것이다. 따라서 이러한 방향에서 교사는 사회적 상호작용 속에서 학생이 자기의 필요에 따라 자기인식 체계에 의하여 학습하며, 스스로 체계화 할 수 있도록 지도해야 한다. 그러기 위해서는 학생들이 목적의식 을 가지고, 교수 · 학습계획 에서부터 목표, 내용, 학습방법 등의 선택, 더 나아가 평가에 이르기까지 적극적으로 참여하여 스스로 수업을 구성하고 학습해 갈 수 있도록 지도해야 한다.

5. 수준별 교육과정 정신의 반영

교수 · 학습 과정에서 개인차를 고려 한다는 것은 학습자 개개인의 능력과 흥미를 존중한다는 것을 뜻한다. 그것은 또 학습자들이 자신의 학습계획과 진행과정 및 결과를 스스로 분석, 평가하여 스스로 학습해 가는 자기 주도적 학습을 통해서, 가능한 한 최선의 결과를 얻을 수 있도록 지원되는 것을 의미한다. 학습자 중심의 수준별 지도를 위해서 교사는 다양한 방식에 의한 진단평가와 형성평가를 적극 활용함으로써, 학습자의 능력, 흥미, 요구에 대응하는 민감하고도 적절한 과제와 활동을 하게하고 그 수행을 돕는다. 수준별 교수 · 학습은 전체학생을 대상으로 한 기본과정과 개별학생의 이해수준의 깊이를 감안한 심화 · 보충과정으로 나누어 운영한다. 단원이나 주제에 할당된 시간의 약80%를 기본과정에, 약 20%를 보충 및 심화과정에 할애한다. 보충 및 심화과정은 교사의 자율적인 판단에 따라 적절한 시기에 편성 · 운영하며, 기본과정에서 다루었던 과제의 난이도, 복잡도, 추상도 등에 변화를 주어 개인별 혹은 능력별 집단 편성을 통해서 실시한다. 그리하여 심화과정의 학생에게는 고차적 사고의 기회를 보다 강화하고 넓힐 수 있도록 하고, 보충과정의 학생에게는 기본과정의 학습 결손을 보충할 기회를 제공한다.

특히, 보충과정은 교육과정에 내용이 제시되지 않은 만큼, 교사는 기본과정의 중요 학습요소를 중심으로 학생의 학습능력수준을 고려하여 교육내용을 재구성 함으로써 학습의 결손을 보충할 수 있도록 지도해야 한다.

6. 개별화 학습과 협동학습의 조화

사회가 교수 · 학습에 있어서, 교사는 수준별 교육과정에 입각한 개별화 학습과 함께 열린교육의 방법을 적극 수용하여 소규모 집단별 협동학습을 운영하는 것이 바람직하다. 협동학습을 위해 구성한 소집단은 공통의 과제에 대해 다양한 시각으로, 그리고 다양한 방법으로 접근하는 서로다른 구성원들로 이루어진다. 그러나 이들은 공통의 목표달성을 위해 서로 협력하면서 긍정적인 상호작용을 가지게되며, 이를 통해서 인지적, 정의적 발달을 이룰 수 있게 된다. 교사는 4명 내지 6명의 이질적인 학습자들로 소집단을 구성하고 협동학습의 핵심적 요소인 주인의식과 감정 이입적 태도 및 협력을 통해 학습과제를 수행하게 한다. 교사는 다양한 협동학습 모형을 참조하여 수업준비를 철저히 하고, 학습자수준에 적합한 학습자료를 개발하여 학습자들에게 협동학습의 원리와 규칙을 이해시킨다. 교수 · 학습과정에서는 협동학습에 필요한 언어적 표현기능, 소집단 구성원으로서의 책임감, 참여의식, 타인에 대한 존중, 협동심 등을 북돋우며 수업을 이끌어 간다.

저학년의 경우 협동학습은 소란하고 산만해져 자칫 통제 불능의 수업이 될 우려가 있으므로, 교사는 의사소통 방법이나 소집단활동과 관련된 운영규칙을 정하여 학생들로 하여금 이에 따르도록 할 필요가 있다. 그러나 지나친 통제보다는 자율적인 분위기를 조성해주는 것이 바람직하다. 협동학습에 의한 과제수행 후에는 평가를 통해서 개별학습 자료의 학습정도를 파악하고 수준별 지도를 한다.

7. 다양한 교수·학습기법과 다양한 교수·학습자료의 활용

사회과학습은 학생들이 이미 알고있는 지식을 바탕으로 하여 문제에 접근하며, 그 문제의 성격을 명확히 하고, 문제해결 방향을 검토할 수 있는 기준을 선정한다. 그리고 다음 단계에서 사회과학적 탐구방법이나 그 밖의 다양한 방법을 활용하여 문제를 해결하게 된다. 사례학습, 통계(표본)조사학습, 야외관찰 및 현장학습, 지도 이용학습, 문헌조사 학습, 인물학습, 사료학습, 상황분석 학습, 미래예 측학습 등은 사회과학 연구방법에 기초한 학습방법들이다. 가치학습에는 자아발달 모형, 도덕적 발달모형, 가치명료와 모형, 학급집회 모형, 감수성 · 사려성 모형, 융합적 교육모형, 가치수용 모형을 적용할 수 있다. 그리고 대안의 선택결정을 위한 학습에서는 의사결정 모형을 적용할 수 있으며 강의학습, 조사학습, 문단법, 토의법, 역할학습, 모의놀이학습 등은 여러분야에서 고르게 활용할 수 있다. 수업의 질을 향상키려면 적절한 발문기법을 잘 활용하여야 한다. 사회과수업중의 발문형태는 지도의 목적에 따라 다양하게 구사할 수 있다. 즉 학생들의 활동을 관리하기 위한 발문, 문제해결을 촉진시키기 위한 발문, 사고를 촉진 시키기 위한 발문, 발상을 위한 발문, 학습을 정리하기 위한 발문 등 교사의 의도에따라 다양하게 구성할 수 있다. 수업상황에서 교사와 학생간 언어의 상호작용은, 교사의 발문과 학생의 응답형태에서 시작하여, 학생과 학생간의 자연스러운 토의나 대화형태로 옮겨가도록 유도하는 것이 좋다. 그러기 위해서는 허용적 분위기를 조성해야 하며, 적절한 시기에 발문하고 학생들이 생각할 수 있는 여유를 주어 사고가 자유롭고 활발하게 이루어 지도록 하여야 한다. 그리고 항상 보고, 듣고, 경험한 것을 바탕으로 이야기하는 습관을 길러주는 것이좋다. 또, 사회과에서는 사진, 그림, 실물, 표본, 모형, 괘도, 기록물, 여행기, 탐험기, 슬라이드 등의 다양한 교수 · 학습자료를 활용하도록 한다. 교사는 교재를 분석하여 필요한 자료의 목록을 작성하고, 이들 자료를 수집, 제작, 구입하여 자료의 유형별로 분류한 다음, 단원의 목표, 내용, 활용방법 등에 관한 안내서를 만들어 활용하도록 한다.

8. 정보화에 대처하는 학습지도

교사는 학생들이 정보화 사회에 능동적으로 대처할 수 있도록 정보처리 능력과 고차적 사고력을 함양시켜 주어야 한다. 정보매체의 발달과 통신능력의 극대화에 따른 정보의 폭증은 한편으로는 다양하고도 폭넓은 학습과 자아실현의 기회를 제공할 수 있으나, 다른 한편으로는 사고와 판단의 혼란을 초래할 수 있으며, 정보획득의 질적, 양적 차이에 따라 학습차를 확대시킬 수 도 있다. 따라서 정보화시대의 주역이 될 학생들을 정보와 지식의 활용능력, 정확한 정보에 기초한 문제 해결력, 의사 결정력, 개념화 능력을 함양 하여야한다. 정보화 사회에 적극 대응하기 위해 요구되는 정보처리기능과 창의적사고력의 신장을 위해서는 신문활용교육(NIE), 컴퓨터보조 학습프로그램(CAI), 인터넷 활용교육(ILE)등을 적극 활용하여야 한다. 데이터베이스와 시뮬레이션 프로그램 등을 통한 컴퓨터의 활용은 정보화에 대처하는 가장 효과적인 교수 · 학습방식이다. 데이터베이스를 활용하여 학습자가 자료와 정보를 선택 · 검색 · 조직하고, 분석 · 종합 · 해석하도록 함으로써 학습자의 정보처리 및 탐구 능력, 사회참여 능력을 신장시킨다. 인터넷을 통해 세계 각지의 산업, 문화, 환경 등 최신의 다양한 정보를 획득하고, 전자우편을 통해 다른 나라의 학생들과 토론 및 협동학습을 수행함으로써 다양하고도 폭넓은 사고의 기회를 가지도록 노력한다. 시뮬레이션 프로그램을 활용함으로써 학습자들이 사회문제를 보다 현실감 있게 이해하고, 지식과 기능을 보다 능동적으로 획득하고 적용하며, 비판적, 창의적 사고를 통한 다양한 관점에서 문제 해결의 기회를 가지도록 한다. 컴퓨터의 활용 과정에서 교사는 학습자들 스스로 필요한 정보를 수집하고 활용하며, 학생들의 관심과 흥미만을 지나치게 의식한 나머지, 본래의 교수 · 학습의 목표가 흐려져서는 안 된다.

9. 시사자료의 활용방안

사회과는 어느 교과보다도 시간적 제한이나 그 영향을 가장 많이 받는 교과이다. 특히 국내외의 여러상황이 예측하기 어려울 정도로 빠르게 변화하는 오늘날과 같은때에는 더욱 그렇다. 시사자료의 활용은 새롭게 나타나는 정보 및 사회변동에 관한 자료로 지도함으로써 사회변화에 대한 관심과 이해를 깊게 하고, 미래 지향적 사고가 이루어 지도록 하는데에 그 의의가 있다. 따라서, 신문, 잡지, 라디오, 텔레비전, 인터넷 등에서 여러 가지자료를 정선하고 검토한 다음 학생들의 수준에 알맞도록 재 구성하여 활용하도록 해야 한다. 특히, 텔레비전의 시사, 교양, 다큐멘터리 프로그램, 인터넷의 다양한 홈페이지 등을 수업 현장에서 활용하여 멀티미디어와의 연계를 꾀하는 방법도 다채로운 수업운용에 도움이 될 것이다.

시사자료 활용에서 유의할 것은 모든 자료를 현재의 것으로 꼭 대치할 필요는 없다는 것이다. 교재내용이 의도하는 개념을 보다 잘 이해시키기 위해서는 지나간 자료라 하더라도 그대로 활용하는 것이 좋다. 또 국내외의 주요정책 변화에 관한것은 국가 · 사회적 차원에서 움직임의 방향을 신중히 검토한 다음에 교재내용에 반영하여야 하며, 대부분의 시사자료는 그 사실 여부를 정확히 확인한 다음에 활용해야 한다.

10. 국가 · 사회적 요구사항의 지도

제7차 사회과교육과정에서는 오늘날 우리사회에서 요청되는 사항들인 민주시민 교육, 환경교육, 성교육, 통일교육, 경제교육, 근로정신교육, 민족문화 정체성교육, 국제이해 교육, 대중 매체교육 등을 관련지어 지도하도록 한다. 이러한 사항들은 교과서의 관련 학습내용에 골고루 반영되어 있다.

제5장 사회탐구의 성격과 전제

1. 사회탐구의 기본성격

1) 사회탐구 과정의 개관

사회과교육은 지식탐구는 학자들의 견해에 따라서 약간의 차이는 있지만 대체로 일치한다. 이는 문제인식, 문제형성, 가설형성, 용어정의, 자료수집, 자료의 평가분석, 가설검증, 일반화 및 이론의 도출의 각 단계적 흐름을 총칭하는 것으로서 과학자의 연구활동에 흡사하다. 다만 과학자와 사회탐구자의 차이는 과학자가 지식 자체에 관심이 큼에 반하여, 사회탐구자는 탐구활동을 기초로 한 바람직한 삶에 더 관심이 큰 것이 다를 뿐이다. 그런데 지식탐구는 진공속에서 이루어지는 것이 아닌 것으로 여러 사회과학의 배경을 뒷받침으로 형성된다. 즉 인지적 사회탐구 과정은 사회과의 구성영역(discipline)인 정치학, 경제학, 사회학, 문화인류학, 지리학, 역사학, 심리학 등의 학문적 배경이 있는 바탕에서 탐구가 이루어지는 것이다. 그러므로 사회탐구는 앞에서 말한 과정들이 여러 사회과학의 연구결과를 배경으로 이루어지는 전체를 말하는 것이라고 하겠다. 본 책은 바로 이와같은 전체로서의 사회탐구의 흐름이 갖고 있는 의미를 분석하고자 하는 것이다. 먼저 사회탐구의 기본성격을 정리해 보면 다음과같다.

1) 사회탐구의 기본성격

(1) 정당성(justifiability)

모든 사회탐구에 관련된 학습활동은 특정의 학습목표에 바탕을 둔 정당성이 확고한 기능이어야 한다. 즉 모든 학습활동은 그 나름대로의 분명한 목적이 존재해야만 학습을 할 의의가 있는 것이므로 목적이 없다면 그 학습활동은 부당한 것이 되는 것이다. 교육에서의 사회탐구를 보면 많은 경우에 정당성이 낮거나 정당성이 인정하기 어려운 경우가 많은데, 이는 교사, 학생, 학부모에게 모두 수업의 실제가 불필요물이 될 경우가 많으며 학습의 질을 낮추게 되는 것이다. 사회탐구에 있어서 학습의 목표는 대체로 국가목표로 부터 그 하위단계의 목표로 재해석되는 흐름이다. 그러므로 학습목표는 국가이념으로부터 교육이념으로 다시 사회과교육 목표로 상세화 되고 정밀화되는 흐름인 것이다. 이와같은 흐름이 원만하게 이루어져서 교실에서의 사회탐구가 명백하게 정당성을 인정받을 수있게 되도록 교사는 세심한 주의를 기울여야만 하는 것이다. 그런데 현실적으로 사회과교육에 있어서의 목표가 가장 근원적이고 구체적으로 진술된 문헌은 교육과정이다. 사회탐구를 안내하는 교사는 그 시간의 탐구가 지향하는 목표가 무엇인가를 교육과정에 의해 끊임없이 찾아보고 뚜렷하게 재정립시켜야 방향이 잡힌 사회탐구가 가능한 것이다.

(2) 다양성(multiple focus)

다음으로 바람직한 사회탐구에 있어서의 필수적인 것은 학습기능의 다양성을 추구해야 하겠다는 점이다. 이는 한마디로 말해서 학습활동이 생동감있고 흥미로운 과정일 것을 말하는 것이다. 판에 박히고 언제나 틀에 짜인 탐구과정이 진행되는 교실을 살아있는 교실이 되지 못하는 것이다. 판에 박히고 언제나 틀에 짜인 탐구과정이 진행되는 교실을 살아있는 교실이 되지 못하는 것이다. 일년간의 학습활동을 보거나 한시간의 학습활동을 보거나 간에 단조로운 흐름에 가까운 교실에 있어서는 바람직한 학습결과를 도출해 내기는 어려운 것이다. 물론 여기서 말하는 학습기능은 교사변수를 강조한 전체적 시관(holistic perspective)임은 물론이다. 따라서 학습활동에 관련된 모든것이 항상 신선미를 느끼도록 배려된 교실이 되어야만 살아있는 사회탐구가 가능함을 말하는 것이다. 교실에 있어서는 졸리는 분위가 잠시라도 있어서는 안 되겠으며, 즐거움이 항상 떠나지 않는 가운데 끊임없이 이어지는 생산적 긴장감이 있어야 교실은 살아있는 분위기가 되는 것이다. 이러한 점을 볼 때에 교사의 인간성은 보다 풍부하고 폭넓은 것이어야 하겠다는 점도 지적되어야 할 것이다. 교사의 풍부한 인간성 속에서 풍요한 수업분위기가 싹트기 때문이다.

(3) 계열성(Sequence)

사회탐구에 있어서 계열성이 있어야 한다는 것은 상식적인 것임에도 불구하고 교실활동에 있어서는 그렇지 못한 경우가 적지 않다. 사회탐구의 계열은 초등학교에서 고등학교까지의 12학년을 통괄해서 보거나 일년간의 학급담임의 입장에서 보거나 한 시간을 지도하는 교사의 입장에서 보거나 항상 중요한 것이다. 일반적으로 사회과 교육에 있어서 학습계열을 맞추는 방법에는 단순복잡법, 지역확대법, 교과서법, 사회문제법, 학습개념법 등이 존재하는데 이러한 방법들은 모두 무리없는 사회탐구가 가능하게 하는 방안 들인 것이다. 피교육자인 학생들에게 있어서 탐구활동이 조직적이며 생산적인 것이 되기 위한 배려로서 학습계열은 항상 유의되어야 하겠다. 그러므로 교사들은 수업에 임하기에 앞서서 그 시간의 학습활동 하나에만 눈을 맞춘 수업준비가 아닌 거시적인 자세가 항상 있어야 하겠으며 수업활동에 있어서도 계열성에 대한 주의는 언제나 있어야 하는 것이다.

(4) **전이성**(transferability)

사회탐구에 있어서 매우 중요한것의 하나로서 전이성을 빼놓을 수는 없다. 학생들이 수업활동에서 얻는것은 다른상황에서 항상 새롭게 적용 · 응용되어야만 바람직한 학습이라 하기 때문이다. 교실에서 다루어야 할 소재로서의 탐구의 대상은 수없이 많다. 무수하게 많은 탐구의 대상을 모두 다루려면 인적, 물적, 시간적 여러측면에서 볼 때에 항상 엄청나 투자가 요망된다. 또한 학생들의 내용 능력에도 한계가 있다. 그러므로 사회탐구에 있어서 다루는 내용은 정선되고 전이성이 높은 것이어야 한다. 지엽말단의 단순한 내용을 갖고 시간을 보내는 것은 많은 낭비가 되는 것이며 학생들에게 죄를 짓는 것이 되는 것이다. 따라서 주어진 시간의 사회탐구에 있어서 달성시키고자 하는 학습량은 번잡하고 난해한 것이 아닌 명쾌한 한두 가지에 집약되어야 할 것이다. 그러나 한국의 사회과 교실에 있어서는 수많은 지식의 나열에 의한 학습내용의 진부한 전달과정이 사회탐구라고 오인되는 교실이 많다. 지금 당장 암기하고 시험을 보고 하는 등의 학습활동에 의해, 현실사회에서는 무의미하거나 언젠가 잊어버리고 말 번잡한 지식을들 다루는 의미가 별로없는 학습활동은 사회탐구에 있어서 배제되어야 할 것이다.

(5) **개방성**(open endedness)

사회탐구의 개방성은 아직까지 한국의 사회과교사에 별로 알려지지 않은 대표적인 존재이다. 그러나 사회탐구에 있어서는 필수적으로 요망되는 요소라고 할 때에, 현실적으로 존재해 있기는 했지만 아직까지 제대로 인지하지 못한 것이라고도 할 수 있다. 정상적인 사회탐구가 이루어지는 교실이라면 당연히 존재해 있는 성향이 바로 개방성이란 점이다. 사회과 교육에 있어서 탐구과정에는 개방성이 중요한 이유를 아래와 같은 몇 가지로 정리해 볼 수 있다.

첫째로 탐구과정에 있어서 탐구과정의 종료단계에 이르게 되면 교사는 개방형으로 수업을 맞춰야만 탐구수업이 됨을 지적할 수 있겠다. 여기서 개방형이라고 함은 교사가 스스로의 관점에 입각한 결론을 내리지 않고 학생들이 수업이 종료된 뒤에도 계속된 탐구가 이루어지게 함을 말한다. 따라서 교사는 그 시간의 결론을 꼭 내리기보다는 중간결론을 내려야 하며 다음단계의 탐구를 위한 실마리를 학생들에게 제시해야 하는 것이다. 사회과수업을 크게 두가지 유형으로 나누면 설명식 수업(expository teaching)과 탐구식 수업(Inquiry teaching)으로 대별할 수 있겠는데 사회탐구의 끝이 개방되지 않으면 수업은 탐구식수업이 아닌 설명식 수업으로 일시에 전락되고 말아버림을 뜻하는 것이다. 따라서 폐쇄형에 의하면 수업은 이미 탐구가 아닌 교사의 설명이 되어버리고 마는 것을 뜻한다. 아무리 과정이 좋아도 폐쇄형에 의한 탐구가 실시되면 이미 탐구는 탐구로서의 의미를 상실하게 됨을 뜻하는 것이다. 이러한 관점에서 탐구식 수업과 설명식 수업을 대비해보면, 탐구식은 과정을 중심으로 함에 대해 설명식은 결과를 중심으로 한다는 점을 지적할 수 있다. 둘째로 사회탐구의 개방성을 상실하게 되면 학생들의 학습활동이 고차원적인 창의성에 초점을 두는 것이 아닌, 단순한 기억력을 증진시키는 활동이 되고 마는 것이다. 학생들의 머리는 무한한 창조력을 잠재적으로 가지고 있으며 미래에 꽃피울 무수한 씨앗을 갖고 있는 것이다. 그러나 교사에 의해 탐구수업의 마무리 단계에서 나아갈 힘을 지속적으로 폐쇄 당하게 된다면, 학생들의 능력은 미래에의 가능성을 잃고 현재의 상태를 답습하고 마는 형태가 되는 것이다. 이러한 관점에서 볼 때에 학생들이 앞으로 사회적으로 쓸모있는 인물이 될 가능성은 오늘의 지식을 얼마나 알고 있는가가 중요한 것이 아닌, 내일에의 창조력임을 강조해야 하겠다. 사회탐구에 있어서 창조력은 평소에 강조되지 않아도 언제나 존중되어야 할 상식이며 단순한 기억활동에 의존할 수는 없는 것이다. 그런데 여기서 창조성이란 "새로움"이란 단순한 개념보다는 진취성, 개척성, 적극성, 시원성 등을 포함하는 보다 더 광의의 폭넓은 것임은 물론이다.

셋째로 폐쇄형의 사회과 수업에 있어서는 교수는 전지전능하며 교실에 있어서 절대자로 군림하게 된다. 즉 설명식 수업은 교사의 박학을 전제로 하고 이루어지는 것이며 학생들은 교사에게 모든 것을 의지하게 되는 것이다. 그러나 현실에 있어서 모든교사는 사실상 박학하지도 않고 전지전능 하지도 않은, 학생보다 한발 앞선 또 하나의 탐구자인 것이다. 교실에 있어서 학생과 교사는 탐구를위해 상호간에 돕고 보완해주는 관계 이상의 아무것도 아니다. 교사는 학생들보다 한발 앞서 있는 탐구의 안내자이며 조력자란 점을 숙지함은 매우 중요한 것인데, 폐쇄형에 있어서는 이러한 점이 무시되고 있는 것이다.

현재의 한국사회과 교실에 있어서 탐구의 개방성은 대단히 심각한 요소이다. 어떠한 사회과교실을 가더라도 의도적으로 탐구를 개방시키려는 모습이 보이지 않고 있으며, 거의 모두가 순수한 폐쇄형으로 끝남은 문제가 크다고 하겠다. 학생의 창조적 사고의 싹을 키우는 수업이 되지는 못한다해도 잘라버리는 수업을 하는 교사들이 많다는 것은 앞으로 절대로 있어서 안 되겠다.

(6) 자성(self-confidence)

끝으로 사회탐구는 탐구자의 생활환경과 직결되어야함을 지적해야 하겠다. 탐구과정의 전체가 탐구자의 삶에 뿌리를 둔 것이 아니면 탐구자에게 절실한 의욕을 불어넣어 주기 어려운 것이며 탐구의 효과도 제대로 기대하기 어려운 것이다. 따라서 교사들은 탐구수업을 진행하기에 앞서서 학생들이란 무엇인가 그 본질에 대한 연구를 게을리 하지 말아야 하겠으며, 학생들의 생활속에 적극적으로 파고 들어가 그들과 호흡을 같이 하는 것이 중요하다. 사회과수업은 항상 학생들의 생생한 삶을 바탕으로 하지않으면 무의미한 것이다.

2. 사회탐구의 기본전제

앞에서 사회탐구의 기본성격을 분석한 것을 바탕으로 탐구활동의 전제가되는 요소들을 논해 보도록 한다. 이와 크게 지식의 특성에 따른 전제와 탐구관에 따른 전제로 나눠 분석하도록 한다.

1) 지식의 특성에 따른 전제

성공적인 탐구를 위해서 알아야 할 요소에 있어서 지식(knowledge)이란 무엇인가를 분명히 하는것은 무엇보다도 우선한다. 즉 지식을 올바로 이해하는 것은 탐구과정 자체를 올바르게 이해하는것과 같기 때문이다. 여기서는 지식을 그 본성(nature)과 탐구의 기초도구(basic tools)로서 나눠 논하기로 한다.

(1) 지식의 본성

① 가변성

우리들이 알고있는 지식은 개인여건 집단여건 간에 결코 완전하고 종국적인 존재가 아닌 가변적인 존재이다. 지식의 첫번째 속성으로서 지식은 끊임없이 변동하는 것이란 점을 우선적으로 지적해야 하겠다. 특히 사회탐구의 대상으로부터 얻어진 사회적 지식은 무엇보다 가변성이 높다. 그것은 우리가 얻은 지식이 결코 완전한 지식이 될 수 없으며 최종적 존재일 수 없음을 뜻한다고 하겠다.

여기서 우리가 생각해야 할 것은 사회탐구에 있어서 완전하고 최종적인 지식에 도달할 수 없음은 교사나 학생이 마찬가지일 것이라는 사실이다. 지식 자체가 불완전하므로 교육상황에 있어서 지식의 이와같은 본성을 교사나 학생이 외면하고 바람직한 사회과 수업이 이우러질 수는 없는것이다. 바람직한 사회과수업이 이루어지려면 지식의 의와같은 가변적 성향을 전제로 하고 교사나 학생이 이에맞는 탐구자세를 정립해야 하는 것이다. 따라서 지식의 이와같은 본성을 고려할 때에 교사들은 결코 지식의 전달자가 되어서는 안 되며 학생들은 맹목적으로 지식을 받아들이는 전수자가 되어서는 안 되겠다.

② 잠정성(tentativeness)

다음으로 위에말한 가변성을 상론하는 것이 되겠는데 지식의 속성으로 잠정성을 지적해야 하겠다. 지식은 가변성을 기본적 속성으로 하고있기 때문에 당연히 잠정적인 존재인 것이다. 따라서 지식은 주어진 상황과 여건 아래서 지식으로서 존재하는 것이며 상이한 상황에서는 지식이될 수 없는 경우가 허다하다. 특히 사회과학적 지식은 앞에서도 지적했지만 상황적 변화의 성향이 매우 높으며 시사성도 높다고 하겠다. 그러므로 타인이 얻은 결론은 물론이지만 자신이 발견한 결론은 완전한 것이라고 믿어서는 안되며 모든 지식은 경험적인 것이면 지식에 대한 실증과정이 끊임없이 이어짐을 항상 유념해야겠다.

그러면 지식의 본성이 가변성이나 잠정성을 갖고 있음이 뜻하는 의미를 생각해 보아야 하겠는데, 이와같은 자식의 속성은 바로 사회탐구의 기본방향을 가르키는 것이 되겠다. 즉 사회탐구가 설명식 수업이될 수 없음을 말한다고하겠다. 완전하고 확정적이 아닌 지식을갖고 교사가 설명하며 전달해 주는 지식은 학생들에게 해악적 존재일것은 당연하며 학생들에게 필요한것은 자체가 아니라 지식을얻는 능력이라는 점이 항상 유의되어야 할 것이다.

③ 설명성(interpretation)

지식의 세번째 속성으로 지적할 수 있는것에 설명성을 들 수 있다. 지식은 사회현상을 설명하고자 함에 그 본질적 존재의의를 갖는것으로서, 지식은 사회현상을 분석하고 정리하여 체계화시킴으로써 명료한 질서를 갖게 해준다. 그런데 여기서 중요한 문제점이 대두되는바 지식을 구성하는 수단으로서의 언어 또는 문자의 불완전성을 지적할 수 있겠다. 다시말하면 지식은 사회현상을 설명하기 위해서 존재하는데 지식을 구성하는 수단이 불안전하므로 지식은 항상 불완전한 성향을 갖는다는 점이다. 아무리 잘 다듬어진 지식도 사회현상을 그림 그리듯 명확하게 설명하고 있지는 못한 것이다. 즉 지식은 언어로서 완전묘사가 쉽지 않으므로 어차피 완전할 수 없다는 숙명적 요인이 있음을 유의해야 할 것이다. 따라서 앞에서 밝힌 지식의 가변성, 잠정성 에서도 지적 했지만 설명의 불완전함을 볼때에 사회탐구에 있어서 설명식 수업이 갖는 한계성이 뚜렷하게 다시 증명된다고 하겠다. 어떠한 관점에서 보건간에 지식은 학생들에게 있는 그대로 전달시켜줄 의의가 별로 높지 못한 것이며 지식자체가 중요한 것이 아니라 지식을 찾는 힘이 중요하다는 점을 재삼 강조하게 되는것이다.

(2) 탐구도구 로서의 지식

사회탐구를 제대로 하기 위해서는 탐구도구의 기능과 본성을 제대로 이해할 필요가 있다. 탐구도구들은 어떤 정보의 원천, 기본개념, 합리적 탐구과정의 자체를 지칭하는 것일 수 있겠는데 이들이 모든지식을 바탕으로 하고 있음이 논의되어야 하겠다.

첫째로 사회탐구는 선행연구 혹은 정보원으로서의 지식을 필요로 한다. 지식이 없다면 탐구자체가 불가능하다. 즉 사회탐구의 대상을 말해주는 수많은 자료의 출처는 지식의 형태로 담겨있는 바 이를 통해서 새로운 탐구가 진행된다는 점을 유의해야 할 것이다.

둘째로 사회탐구에 있어서 분석개념(analytical concepts)으로서의 지식이 주요한 탐구의 도구가 된다. 개념은 탐구를 위한 출밤점 혹은 계기가 되는 존재일 뿐만 아니라, 수많은 자료나 정보를 묶어서 조직화하는 도구가 된다는 점에서 매우 중요하다. 이는 개념이 현재의 지식을 대변할 뿐만 아니라, 새로운 지식을 산출해내는 출발점이 됨을 말하는 것이다.

2) 탐구관에 따른 전제

앞에서 지금까지 살펴본 지식의 본성에 대한 이해가 탐구를 시작하기 전에 매우 중요함을 논했는데 여기서는 탐구자의 입장에 대해서 논해보기로 한다. 왜냐하면 탐구를 시작하기 전에 탐구자가 어떠한 태도를 찾고 어떠한 가치관을 갖는가는 매우 중요한 것으로서 탐구과정의 전체를 지배하기 때문이다.

(1) 호기심(curiosity)

호기심의 본질은 무엇인가를 알고자하는 욕망의 표현이다. 호기심은 상상력(imagination)으로부터 도출되고 상상력과 직결되는 존재로서, 탐구자가 생각하는 환상의 세계, 어떤문제의 해결을 생각하는 가정적 사고 또는 어떤일을 처리하거나 살펴보는 방안 등을 고안해내는 등으로 형태가 다양하다. 따라서 상상력이 풍부한 탐구자 일수록 호기심도 많고 알고자하는 욕망도 크다. 무엇인가를 탐구한다는 것은 알고자 하는 욕망의 표현이요, 호기심의 표현이라고할 수 있는만큼, 탐구자에게 있어서는 새로운 지식, 기능 등에 대한 끊임없는 호기심의 표출은 대단히 중요한 것이다. 또한 탐구수업을 진행해 나가는 교사에게 있어서 학생들에게 끊임없이 호기심을 자극시켜 주는 것은 교사의 주요한 책무가 된다. 교사들은 학생들에게 수업에 임할 때는 물론이고 평소에도 무한한 호기심을 움트게 해주고 상상력이 풍부하게 해 주어야 할 것이다.

(2) **회의심**(skepticism)

회의심은 탐구활동의 근본이 되는 것으로서 앞에서 말한 호기심의 근원이 도는 것이기도 하다. 회의심은 기성의 진리 혹은 권위에 대한 거부감을 반영하는 것으로서 그들의 주장이나 견해를 멀리하고 스스로의 새로운 것을 발견하려는 욕구와 표출이다. 또한 회의심은 어떤 사실이나 견해를 수용하기를 꺼리는 것일 뿐만아니라 최종적 판단을 유보하는 입장을 말한다. 이러한 회의심을 사회탐구를 촉진하고 유발하는 기본 인자의 구실을 하는데 그 까닭은 기존의 지식을 완벽하다고 보거나 더 이상 탐구할 여지가 없다고 보는 입장에서는 새로운 탐구가 사실상 불가능한 것이기 때문이다. 과학의 발달은 끊임없는 의문을 발생시켜 주는 것이다. 끊임없는 의문의 연결속에서 보다 더 참되고 명료한 지식에로 한 걸음씩 다가가는 교실을 만드는 것이 교사가 할 일이다. 학생들로부터 끊임없이 질문이 폭발하는 싱그럽게 생기가 넘치는 교실분위기를 만드는 것은 매우 중요한일이며, 바람직한 사회탐구의 출발점이 되는 것이다. 교사가 할 중요한일은 그 분위기를 만드는 것이다.

(3) **합리성의 존중**(Respect the use of reason)

사람들은 사회탐구에 있어서 합리적 발견이 학습에 있어서 가장 최선책이라는 가치관을 설정하지 않고서는 바람직한 탐구를 진행할 수 없다. 사회탐구자가 어떠한 기성권위자의 견해나 기존의 지식에 맹종하는 것이 아니라 스스로의 판단에 의해서 바람직한 결론에 도달할 수 있음을 신뢰하는것은 사회탐구에 있어서 중요한 전제가 되는것이다. 교사는 학생들에게 이성의 존재를 깨우치고 합리에 도달하면 참된지식을 얻을 수 있다는 신념을 갖도록 고무해 주어야 할 것이다. 경우에 따라서는 비합리적인 영감이나 게시등에 의해 지식에 도달할 수 있다고도 할 수 있지만 과학을 하는 입장에 있어서는 이러한 흐름이 배제되어야 하겠다.

(4) **증거의 존중**(Respect for evidence)

과학에서는 경험적 증거가 확실한 지식을 추구한다. 즉 사회탐구에 있어서는 탐구문제에 관련되는 여러가지 질문, 사실 등에 관한 질적 · 양적 증거가 필수적으로 요망된다. 이는 정확한 탐구를 위한 검증(test)과정에 있어서는 증거가 매우 중요하기 때문이며, 어떠한 탐구의 산출물도 확실한 증거없이는 참되다고 말할 수 없기때문이다.

현명한 탐구자는 어떤 견해나 가설의 최종적인 정확성을 증거에 의해서 입증하기 전에는 결코 인정하지 말아야 할것이며, 특히 어떤 교과서, 해설가, 교사, 이웃 사람들의 견해를 맹신하는 것은 있을 수 없는 일이다. 현대 한국사회의 전체적 수준을 보면 사회생활에 있어서 기본적인 자세가 여러측면에서 부족한 경우를 보는데, 확실한 증거가없이 사회적 의사결정을 하는 성향이 높다. 따라서 한국사회 전체의 성행이 이성보다는 감성에 치우치는 경향이 크며, 이지적 사회가 아닌 감정적 사회가 되는 면을 많이 보게된다. 혹자는 말하기는 한국사회의 이와같은 경향을 한국인들의 국민성 내지 민족성에 기인하는 것으로 보고, 한국인들이 인정 많고 눈물 많고 감정이 풍부하나 비과학적이고 비합리적인 면이 높다고 한다.

그러나 국민성이란 원래 후천적이고 교육에 밑받침되는 성향이 매우높은 것으로서, 이와같은 한국인의 성향은 궁극적으로 사회과교육의 수준이 낮음을 뜻하는 것이다. 한국인들에게 있어서 학생시절을 통하여 사회탐구의 교육을 받는것이 얼마나 되는가를 살펴보면, 오늘의 한국사회가 가진 국민의 사회적 민도를 알 수 있다. 이성의 명령을 바탕으로 탐구를 진행하고 의사결정을 내려야 한다는 점을 한국인 들에게 활성화 시켜야 한다는 것은 교육자 들에게 있어서 매우 중요하다. 사회과교육에 있어서 이와같은 사명은 특히 긴요한 것으로서 이에대한 철저한 교육이 요망된다.

(5) 객관성(objectivity)

사회탐구자가 어떤 정보를 받아들여 옳다고 받아들이는 것은 단지 스스로의 입장에서 옳다고 받아들이는 것인데, 이는 사람들이 스스로의 특정한 준거기준에 의해서 각자마다 다르게 깨닫기 때문이며, 사람들은 어떤문제에 대해서 일부분 만을 아는 경우가 대부분이다. 따라서 사회탐구자는 감정과 편견에 빠지지 않을 수 있게 할 모든가능성을 점검하고 조사해야 됨을 깨달아야 한다. 이는 앞에서 말한 탐구자가 증거를 대단히 신중하게 찾아야 한다는 사실과도 통하는 말이다. 사회탐구자는 스스로의 선입관과 편견을 왜곡시켜 해석하는 일이 없게 될 것에 최선을 다해야 할 것이다. 일반적으로 객관성이란 건전한 감각기관을 가진 여러사람이 같은 대상을 인식하고 그로부터 얻은 인상이 일치하는 것을 말한다.

다시말해서 누구에나 동일하게 인식되는 사상은 객관성이란 건전한 감각기관을 가진 여러사람이 같은대상을 인식하고 그로부터 얻은 인상이 일치하는 것을 말한다. 사람들이 건전한 감각기관을 가지고 있음에도 불구하고 사상의 인식에 차이가 나는 까닭은 다음과 같다. 첫째로 간단한 것을 제외하고는 모든 우리의 지각은 우리들이 반응기간의 훈련과 단련의 결과로 얻어지는 것이며, 둘째로 우리의 감각기관은 생리적 · 환경적 조건에 따른 나이, 피로도, 온도 등에 이해 영향을 받으며, 셋째로 자극에 대한 우리들의 해석은 과거의 경험으로부터 발전시켜 온 감수성과 우리가 받은 반응에 의해 결정되기 때문이다. 그리하여 이러한 문제해결을 하기 위하여 일치성을 보다 높일 수 있는 객관적 도구가 만들어지게 되었으며, 이러한 객관적 도구를 통해 과학적 탐구의 객관성을 확보할 수 있게 되는 것이다.

(6) 판단의 유보

판단을 유보하는 탐구자의 자세는 앞의 객관성을 존중하는 자세와 직결되는 것이다. 판단을 유보하는 자세는 어떠한 의문점을 해결하고 바른 사회탐구를 위해서는 충분한 증거를 확보해야하고 이를 위해서는 충분한 시간적 여유가 있어야 함을 말한다. 일반적으로 사람들이 모든 증거가 다 확보된 뒤라고 하더라도 결론을 내린다고 하는것은 언제나 성급한 판단의 가능성을 갖고있는 것인데, 사실상 인간은 사회탐구에 있어서 완전한 증거를 확보하기가 대단히 어려운것이 사실이다. 사람들은 정도의 차이는 있겠지만 사회탐구에 있어서 성급한 자기나름대로의 결론을 내리고 만족하거나 전혀 성급한 판단이라는 자각도없이 우기는 경우가 많다.

앞에서 한국사회의 탐구성향 내지 탐구수준을 논했지만, 판단의 유보라는 관점에서 볼 때에 한국인들에게 있어서 이 점도 크게 반성할 부분이라고 본다. 왜냐하면 한국사회는 다분히 성급한 사회적 분위기가 많이 지배하기 때문이다. 어떤 개인을 대할 때에 그에대한 심상을 단순함 한 두가지 증거에 의존하는 것도 무리가 있다고 하겠거늘 전혀 증거도없이 막연한 추측이나 오도되고 왜곡된 정보에 의해 결정해 버리는 경우가 많다. 더군다나 사회적 중요사항이나 어떤 정책의 결정도 뚜렷한 기초배경도 없이 결정되는 흐름이 강하다. 이런결정의 결정적 오점은 실책에대한 대안을 생각 못한다는 점이다. 따라서 이와같은 경솔한 사회탐구력이 지배하는 사회는 항상 불안을 잠재적으로 갖고 있게 되는 것이다. 보다 신중하고 성숙된 사회로 진입하는 데의 주요변수가 바로 판단의 유보라는 점이 유의되어야 할 것이다.

(7) 모호성의 인정(Tolerance for ambiguity)

확실함(certainty)을 찾는 인간의 본성이라고할 수 있다. 그런데 사람들이 불확실함을 참는 참을성의 정도는 천차만별이어서 어떤 사람들은 심각한 불확실상황도 잘 견뎌내는데 반하여 어떤 사람들은 이를 참아내는 능력이 대단히 낮다. 불확실한 모호성을 어떻게 견뎌내는가는 사회탐구에 있어서 매우 중요한 요인이된다. 이와같은 참을만한 정도의 불확실성(tolerable uncertainty)의 정도는 아주 좋은 참을성에서 전혀 참지 못하는 참을성의 양극단까지의 사람들에게 하나의 연속체(continuum)를 이루는 것으로서 각 사람들은 이 중의 어느 한곳에 속하게 되는것이다. 대부분의 사람들은 개방된(open - ended) 탐구 혹은 미해결 상황(unsettled situation)으로서의 모호성을 참아내는 어느 정도의 수준을 모두 갖추고 있다. 이것은 사회탐구에 있어서 매우 중요한 것이 되겠는데, 사람들은 모호성을 참는 힘이 있으므로 확실한 정답에 이르지 못한 증거가 불충분한 사상을 용인하게 되는 것이다. 이러한 불확실성 속에서 인간은 확실을 바라게 되고, 이러한 확실성의 추구가 앎(knowledge)에 도달하는 추진력이 되는 것이다. 지금까지 살핀 모호성을 용인하는 태도를 사회탐구에 있어서 학생들의 태도로서 정립시키는 것은 사회탐구의 기초가 되겠는데, 이는 사회탐구가 사람들의 확실함과 불확실함 사이의 간격을 줄이려는 원망에 기초를 두고 있기때문이다. 그런데 사실 사회과교육에서 이에대해 주의를 기울임을 얼마나 찾을 수 있는가를 묻는다면 이점에 있어서도 거의 부정적이다. 모호성은 커녕 항상 명쾌성이 지배하는 교실이 많으며 따라서 창조적 탐구는 존재하기 어려운 교실이 되고 마는 것이다.

3. 사회탐구의 유의점

앞에서 살핀 사회탐구의 기본성격과 기본전제를 생각하며, 특히 오늘날의 우리나라의 현장에서 이행되어지는 실제의 사회과 교육에 있어서 유의할 점이있어 몇가지를 추가로 지적한다.

1) 사회과 교육의 자연정립의 유의점

(1) 한국사회과 교실현장에서의 교육목표

교육은 뚜렷한 방향이 있어야 한다. 그것은 마치 항해하는 배와같은 것으로서 확실한 방향을 잡지못하면 좌초하고 말거나 끝없는 대양으로 덧없이 흘러가서 무인도나 황무지에 닻을 내리게 된다. 그러므로 교육에 있어서 나침반이나 조타수, 등대의 구실은 매우 중요한데, 그것은 바로 교육목표의 정립에 의해서 바로 잡히는 것이라 하겠다. 그 까닭은 교육목표가 바로 교육의 출발점이요 나아갈 방향이며, 교육을 통해 실현할 핵심적인 가치이기 때문이다. 생각컨데 교육은 언제나 가치지향적이고 유목적적인 활동이며, 교육목표론은 어떤 상황에서도 교육의 중요한 연구대상이 된다. 사회과 교육에 있어서도 교육목표가 올바르게 정립되어져 있지못한 경우에는 그 수업이 의미없는 결과를 가져옴은 물론이다.

그러므로 사회과 교육의 진정한 발전과 개혁이 오려면 많은 분야의 연구가 요망되겠지만, 특히 교육목표의 연구가 무게있게 다루어져야 할 것이다. 예컨대 사회과 교육의 목표는 그대로 둔체로 교육방법이나 수단만을 바꾸면 본질적 변화를 기대할 수 없기 때문이다. 따라서 사회과의 교육목표를 명백하고도 체계있게 개념화하는 일은 모두 사회과 교육적 노력에 선행되어야할 필수요건이라고 하겠다. 그러므로 우리나라의 사회과 교육이 이루어지는 교실현장을 살펴볼 때에도 우선적이고 중요한 기준점의 하나는 교육목표가 어떻게 정립되어져 있는가를 살피는 일이다. 그런데 우리나라의 사회과 교육이 이루어지는 초등학교, 중학교, 고등학교의 교실을 들어서면 현실적으로 거의 대부분의 교실이 목표부재에 가까운 상태에 있음을 보게 된다. 초등학교 교실에 들어서면 많은 교실에서 외형적으로 목표를 세우고 출발하기도 하나, 그 내실에는 문제가 많다. 그러나 중 · 고교에가면 외형적으로도 목표정립의 의지가 거의 없다. 그 까닭을 몇가지로 정리해 보기로한다.

① 잠재적 교육과정-한국적 풍토

케나다 알버타주립대학의 챔버린(C.Chamberlin)교수는 벤자민 듀크(B.Duke)의 '일본의 학교 : 미국 산업화과정의 교훈'이라는 1986년의 저서에대한 논평에서 우리나라 사회과 교육에 도움이 될 매우중요한 것을 소개하고 있다. 즉 듀크교수는 일본의 교육이 충성스럽고, 교양있는, 유능한 근로자(loyal. literate, competent workers)를 양성함에 커다란 성공을 거두었고, 미국이 경제를 심각하게 위협할만한 수준으로의 엄청난 업적을 이루었음을 지적하고 있다. 일본의 교육은 오늘날 세계적인 경제대국을 만드는 견인차의 구실을 하였으며, 나름대로 그들이 목표로 내세운 사회과 교육에 있어서의 도달점에 도착함에 무난히 성공하였음을 뜻한다. 사실상 일본이 오늘날과 같은 경제대국을 만드는데 끼친 일본교육의 기여도는 대단했음을 말하는 것이다. 그러나 듀크는 일본의 사회과 교육에 대해서 궁극적으로는 부정적 입장에 선다. 왜 그럴까? 그것은 일본과 미국의 사회과교육에 있어서 잠재적 교육과정(hidden curriculum)이 다르기 때문에 양국은 전혀다른 인간상을 만들어냄을 발견하였기 때문이다.

듀크교수가 지적하는 바는 매우 의미심장한 것으로서 미국과 일본의 사회과 교육목표는 거의 같았는데 그 산출물은 전혀 달랐다는 것을 말해주고 있다. 똑같은 것을, 똑같은 입장에서, 똑같은 내용으로 사회과 교육시간에 추구함에도 두 나라의 산출되는 사회적 인간상이 전혀 달랐다는것은 두나라의 표면적이고 공식적인 교육과정은 같았으나 잠재적 교육과정이 아주 달랐음을 말하는 것이다. 이와같은 현상은 우리나라의 사회과 교실현장에 있어서도 똑같이 지적될 수 있겠다.

즉 같은쌀을 갖고서도 밥솥에 넣으면 밥이되고, 막걸리 공장에서 빚으면 쌀 막걸리로 변하며, 떡 방앗간에서 찧어서 만들면 흰떡, 백설기, 송편이 되는것과 같은것으로서, 비교사회과 교육적 관점에의해 분석되면 아주 새로운것을 발견하게 됨을 말하는 것이다. 생각컨데 똑같은 민주시민상을 길러 낸다는 목표를 세우고 똑같이 강의를 해도, 미국, 일본, 우리나라는 잠재적 교육과정이 다르므로 전혀 다른 민주시민상이 산출됨을 말하는 것이다.

우리나라의 교육부에서 발표되는 공식적 사회과 교육과정은 그 목표가 그럴듯하게 잘 만들어져 있고, 겉으로는 매우 화려한 문구로 꾸며져있다. 그러나 그 교육과정이 꿈꾸는 사회적 인간상이 제대로 만들어지고 있다고 전적으로 확신하는 사람은 그리 많지않다. 그것이 실제로 교육현장에 투입되고 나서 산출물은 그것이 표명하는 바와는 사뭇 다른것을 만들어내며 심지어는 당혹감마저 느끼게 만드는 것일 수도 있기때문이다.

예컨대 부동산투기가 나쁘다고 사회과시간에 학교에서 가르치지만, 부동산 투기꾼이 잘 살고있는것이 현실이며, 국산품을 쓰라고 가르치지만 사회생활을 하면서 많은 주변사람들이 스스럼없이 외래품을 쓰면서 사치스럽게 살아도 아무 지장이 없음을 눈으로 본 학생에게 학교교육이 잘 먹혀 들어갈 수는 없는 것이다. 투기도 안하고, 국산품을 쓰면서, 법을 잘지키는 사람이 현실적으로는 손해를 본다는 잠재적 교육과정이 뿌리내린 사회에서는 아무리 이상적인 공식적 교육과정도 장식적 문구에 불과한 것이다. 또한 이웃사람 끼리나 우리나라 사람모두가 사이좋게 살아야한다고 선생님들이 가르치지만, 사회의 곳곳에는 지역갈등이나 편견이 심하고, 심지어는 대통령후보나 국회의원후보는 그것을 부추기고 오히려 이용하고 있는 사회에서 사회과 수업은 거의 무력한 것이다.

사고력을 길러야 함을 아무리 강조하지만, 경우에 따라서는 뜻도 모르며 무조건 암기한 학생이 고교입시나, 대학입시에서 합격되고, 사고력보다는 기억력이 우수한 학생이 빛을보는 풍토에서 사고력은 길러질 수 없다. 그러므로 오늘날 사회과시간에 암기위주로 가르치는 학교 선생님들을 실질적으로는 탓할 수가 없을 경우도있다. 우리나라는 사회과수업이 암기위주로 이루어지는 도도한 흐름이 있기 때문이다. 암기를 잘 시켜야 우수한 교사가 되는 잠재적 사회과 교육과정이 뿌리내린 사회에서는 교사들이 그렇게 가르치치 않으면 그 존립의 가능성까지도 잃기 때문이다. 사회과는 외우는 과목이라는 한국적 풍토속에서 사회과교육은 사고력과는 항상 거리가 먼 것이 현실일 수밖에 없는 것이다. 공식적 교육과정에서는 사고력신장이 우리나라의 미래를 좌우할 핵심적인 것이라지만, 또한 사회과교육이론에서도 사고력을 강조하지만, 우리사회에 널리펴진 잠재적 교육과정은 도도히 흐르는 암기력 만능의 풍토인 것이다. 이러한 한국적 풍토속에서는 선생님 개인의 힘은 결과적으로 무력한 것이다.

② 기계적 교실운영 - 죽은 목표

돼지목에 금목걸이라는 말이나, 개밥에 도토리라는 말은, 주어진 상황이나 현장에 도무지 어색하기만 하고 격에맞지 않는 일에 대해서 쓰는말이다. 토끼풀 반지도 한없이 아름다운 때가 있고, 구리반지도 적적하게 쓰면 아름답다. 그러나 그 어떤보석도 반지도 격식에 맞지않는 때와 장소에 있어서는 우스꽝스러운 경우가 있을 수 있다. 우리나라의 사회과교육이 이루어지는 현장에 참여 하여보면, 많은교실이 칠판에 학습목표라고 아예 페인트로 붙박이로 써놓고, 수업에 임해서는 당연히 한두줄을 쓰고 수업에 들어간다. 왜 그렇게 하는가? 그리고 지금 쓴 학습목표가 적절한가? 그런데 그것이 전혀 격에 맞지않는 경우를 많이 본다. 돼지목에 진주목걸이를 걸면 웃음이 나오는데 그것을 보고서는 웃지도 않는다. 그러나 양자의 차이는 전혀 없는것이다. 전자가 가시적 · 구체적이지만, 후자는 불가시적 · 추상적인 것이란 차이뿐이다.

물론 제대로 된 학습목표를 제시하고, 제대로 수업을 해 나가는 교실도있다. 그러나 다수의 사회과교실은 왜 목표를 세우는가가 뚜렷하게 밝혀지지 않는경우가 많다. 목표를 세워야 한다고 하니까 기계적으로 학습목표라고 내세우고 수업을 시작하되, 그 이후는 지식전달이나 지식암기로 이어지는 것이다. 그러므로 실제적인 목표는 오로지 천편일률적으로 "~을 이해시킨다.” “~을 암기시킨다.”로서의 일관된 목표에서 벗어날 수가 없음에도, 장식적 목표를 세우고 수업을 시작하는 것이다. 그런데 장식적인 목표라도 세우는것은 초등학교로 내려올수록 많으며, 중 · 고교의 상급학년으로 갈수록 그것마저도 없음이 교실현장의 모습이다. 특히 고등학교 교실에가면 목표고 뭐고 생각할 것도없이 강의만이 이루어지는 교실이 대부분이다. 변함없이 언제나 이어지는 지식 전달기계의 움직임속에서 창조적 사고력이 길러질 수는 없다. 독수리, 코끼리, 장미는 생물이라고 하지만, 돌이나 쇠는 무생물이요 살아있는 물건이 아니다. 돌과같은 교실은 살아있는 교실이 아니요, 죽은 교실이다. 외형상으로 사회과수업은 하고 있으되, 변함없는 지식전달기계와 지식수용 기계만이 있는 교실이 살아있는 교실이 아니다. 사회과 지식만을 전달하는 기계가 있는 사회과교실은 궁극적으로는 죽은 목표가 있고, 생각이 존재할 수가 없다. 기계는 생각없이 일만 하는것이며, 기계는 사람이 아니기 때문이다. 과학교육을 위주로 한 것이지만, 미국 교육평가 서비스(EST)에서 행한 평가 등에서 초등학교는 한국이 최우수인데, 중학교는 중하위이며, 고등학교는 최하위인 점은 이제 심각하게 논의되어야할 때가 되었다. 고등학교 교육에서 병목적 지식 전달만을 계속해온 우리는 교육풍토는 확실히 고쳐져야 한다. 선진국의 지위는 맹목적 지식암기를 통해 얻어지는것이 아닌, 세계에서 가장앞선 첨단의 창조력에서 얻어지는 것이다.

③ 설명식 교실수업 - 닫힌 목표

지식의 본성을 과학·철학적 입장에서 말할 때에, 그것은 앞에서도 살펴보았듯이 가변성(changeability), 잠정성(tentativeness), 설명성(interpretation), 단편(fragmentary), 선택성(selectiveness)등으로 크게 규정될 수 있다. 그러므로 그것은 영원불변하고 확고하며 완전한 지식이란 현재로서 존재하지 않음을 말하는 것이다. 인간이 현재로서 알고있는 지식은 우주의 크기에 비하면 너무나 적은 양이다. 너무나 많은것을 인간은 모르고 있고 틀리게 알고 있으며 어렴풋이 알고 있다. 따라서 우리가 현재 알고있는 지식은 거의가 앞으로 변하고 고쳐질 가능성을 가진 잠정적인 지식이다. 지식의 과학·철학적 위상이 이와같음을 숙지한다는 것은 사회과 교실에 있어서 확고한 신념이 되어 있어야만한다. 그러나 우리나라 대부분의 사회과교실에 있어서는 모든지식이 변함없이 확실하고 완벽한 지식인듯이 생각하고 있는 수업이 많이 진행되고있다. 그러므로 교사는 담당과목에 대해서 모든 것을 완벽히 아는 사람으로서 간주되어지고, 그렇게 처신하고 있다. 전지전능한 신이 신도들에게 은혜를 베풀듯이, 교사는 제자들에게 그가 아는 확실한 지식을 설명하며 스스로의 현학을 자랑한다. 그러나 교사가 전달하고 있는 지식 그 자체는 본질상 전혀 완벽한것이 아닌경우가 허다하다. 과학·철학상 완벽할 수 없는 지식을 완벽한 듯이 가르치는 것이다. 특히 사회과학의 지식은 수없이 변하고 있으며, 새로운 증거에의해 끊임없이 도전을 받고있는 존재이다. 그럼에도 불구하고 그것을 크게 신뢰함이 전제된 것이 우리나라의 사회과 교실이다.

완벽한 지식을 완벽한 교사가 전달한다고 가정하고있는 사회과 교육에 의해서 지배되는 설명식 교실에 있어서는 학생들이 생각할 여유는 존재하지 않는다. 완전한 것을 전달받는데 구태여 생각할 필요가 없을지도 모른다. 물흐르듯 유창한 언변으로 서론 부분에서 시작하여 재미있게 얘기를 하며 즐겁게 수업을 이끌어간 교사가 매끈하게 결론을 맺어주고 나간 교실 -거기에는 자못 존경스러운 현학적 선생님에의 흠모감은 남을지언정, 생각하고 고민하는 학생의 얼굴은 남지 않는다. 사고할 필요가 전혀 없기때문이다. 학생들의 얼굴은 차라리 훌륭한 선생님의 명강의 앞에서 사고를할 엄두도 못내고 넋을 잃고있는 처참한 모습인지도 모른다. 선생님이 수업을 끝내고 문을 닫고 나간 뒤에도, 교실문도 닫히고, 학생들의 생각고 갇혀 버린다. 그 교실의 수업목표는 닫힌 목표이기 때문이다. 열린 실이 되기 위해서는 열린목표(open-ended objective)가 설정되어야 하는데 설명식 수업으로는 그것이 불가능하다. 지식은 완벽한 것이 아니다.

꾸준히 탐구되어야 할 잠정적 지식이며, 그것은 열린목표에 의해 계속 찾아지는 것이다. 교사는 사회과시간에 다 만든 밥을 먹여주는 수업을 해서는 안되며, 밥짓는 법을 알려주어야 함을 잊지 말아야한다.

④ 조각지식의 추구 - 낮은목표

지식의 형태는 간단하게 간추리면 3단계 수준의 모습으로 나타내진다. 가장 작은수준의 사실지식, 그리고 사실 지식들이 보다 응축되고 다듬어진 덩어리로서의 개념지식, 그리고 다시 개념과 개념사이의 관계를 연결시켜 놓은 보다 고단위의 일반화지식으로 나누어진다. 그러므로 사회과 수업에 있어서는 사실보다는 개념, 개념보다는 일반화가 보다 값진것으로 인정되면 보다 수준높은 지식으로 받아들여진다. 그러나 우리나라의 사회과교실에서 실제적으로 추구되고있는 인지적(cognitive)목표는 보다 낮은수준이 사실 지식에서만 초점이 맞춰진 경우가 대부분이다. 이것은 초등학교 1학년부터 고등학교 3학년까지의 사회가 시험지를 분석해 보면 너무나 뚜렷하다. 우리나라의 사회과 시험지는 사회과 교육이론의 발달과는 지난 40여 년간 항상 거리가 있어왔으며, 거의 모두가 기억력 평가만을 다루는 시험지이다. 더군다나 기억력도 대부분은 지엽말단의 부스러기 지식을 얻는 것이 없다. 수없이 계속되는 단편적인 사실 지식의암기를 묻는 질문이 이어질 뿐이다. 예외가 흔하지 않다. 이러한 교육을받고 졸업한 학생들은 텔레비전의 퀴즈경시대회에 나가서는 대단히 우수한 성적을 올릴 것이다. 그러나 그 학생의 머리속에서 이 시대의 지식수준을 뛰어넘는 세상을 놀라게 할 창조적 생각은 움터 나올 수 가없다.

요즈음 우리나라의 돈푼깨나 있는 도시지역의 유치원 어린이는 서너살의 어린나이 에서부터 생각할 여유는 무자비하게 박탈당한다. 유치원을 다녀와서 어린나이 에서부터 미술학원, 피아노학원, 수영교실, 주산학원, 태권도장, 서예학원, 속셈학원, 웅변학원 등을 허겁지겁 쫓겨다니는 어린이의 무한한 가능성을 가진 두뇌는 삽시간에 기계적이고 무미건조한 머리로 만들어진다. 인간의 성장은 내적 필연성에 따라 자발적으로 발달하는 힘이 있는데 인간의 내면에 본질적으로 존재하는 그것을 막으면 인간의 성장을 왜곡 · 축소 · 방해하는 것이 된다. 도대체 아이들에게 생각할 기회, 여유, 자극을 전혀 주지 않는다. 부모의 욕심에 쫓기는 무자비하고 탐욕적인 강요된 분위기가 이어질 뿐이다. 이와같은 흐름은 초등학교에 입학해서도 또한 그렇다. 심지어 요즘에는 교육과정에도 전혀없는 한자와 영어를, 한글도 제대로 모르는 초등학교 1 · 2학년의 저학년부터 무모하게 가르치는 열성을 보이는 학교까지도 있다. 그렇게 몰아치며 열풍교육을 받은 어린이의 두뇌는 생각은 커녕, 지식을 무조건 쌓아나가는 데에도 힘겹다. 발달단계는 무시되며, 교육 이론은 전혀 불필요한 상황이다. 그렇지만 나이가 어린 어린이는 이것을 용하게도 버텨나간다. 그러나 그 어린이는 아기때부터 시작되어 꾸준히 생각할 기회를 박탈당하고 틀에 박힌 저급수준의 지식만을 축적당하다가 조직적으로 사고력을 상실당한 두뇌가 되어 버리고 마는것이다. 겉으로는 모범적이고 공부도 열심히 하는 듯한데, 중학교나 고등학교로 올라갈수로 아둔한 학생이되는 학생이 바로 그들이다. 우리나라의 학교, 학부모, 유치원, 사회는 어쩌면 체계적이고 조직적으로 학생들의 창조력을 말살해 나가고있는 전형적 흐름이라고 하겠다. 생각하면 잔인하고 몸서리치는 일이다. 한편으로는 그 어린이에게 죄스럽기 짝이없는 일일 수도 있다.

이러한 흐름에 보다 더 많이 희생된 학생일수록, 어려서는 잘했는데 고등학교나 대학에가면 계속 떨어지는 학생이 된다. 그 까닭은 무엇인가? 그것은 전혀 어린이의 잘못이 아니다. 학생들에게 꾸준히 낮은 목표만을 강요한 부모, 교사, 사회가 잘못인 것이다. 어린의 낮은 사고만을 목표로 둔 교육의 희생자가 바로 그러한 학생임에도, 부모들은 학생들만을 나무란다. 학생들이 설 곳이 어디인가? 역설적인 논법이지만 에디슨이 초등학교에 입학하자마자 퇴학을 당하지 않았다면 그가 유명한 에디슨이 되었을 것인가? 창조적 사고의 교육을 주는 학교라면 몰라도, 그렇지않은 교실에서는 오히려 어린이를 두뇌고갈, 두뇌파탄으로 몰아가는 것이다. 아마도 에디슨이 우리나라의 유치원부터 고등학교까지를 다녔다면 그도 틀림없이 평범한 생활인밖에 될것이 없을지도 모른다. 열심히 증권투자나 하고 부동산에 잔재미를 붙여 돈푼이나 만져볼까하는 굴일 머리가 잘 움직이며, 작은 이익에는 영악하되 큰 흐름은 모르는 우리사회에 흔하디 흔한 똑똑한 생활인이 되었을 것이다.

우리나라의 학교에서는 창조적 인간상을 만든다고 겉으로는 내세우고 있지만, 12년에걸친 조직적 창조력 감퇴 혹은 창조력 말살교육을 국가적으로 시키고 있다는 비판이 있다면 그것은 거의 틀린말이 아닐지도 모른다. 그러나 그 흐름은 사회 탓, 입시탓, 학교탓 등을 내세우며 꾸준히 이어지고 있고, 고치는 사람은 별로없다. 따라서 오늘도 우리는 학교에서는 생각을 할 필요가 거의없는 낮은수준의 지식을 추구하는 낮은수준의 수업이 당당하게 이루어지고 있고, 단순사고에 능란한 퀴즈 경시대회형 인간이 사회로 쏟아져 나오고있다. 따라서 학교를 졸업하고 나면 거의 사고력을 상실하고 기계적 회사원, 기계적 근로자, 기계적 공무원, 기계적 생활인 등이 되고, 많은 사람들이 책 한권을 읽기보다는 가(go) 서(stop) 화투놀이 같은 놀이에서 단순한 쾌감을 느끼며 밤을 지새우는 실존을 잃은 사회인이 되는 것이다. 너도 나도 생각하기가 싫고 생각할 힘도 잃었기 때문이다. 서서히 푹 썩어가는 길을 걷는것이다.

(2) 사고력 증진을 위한 사회과 교육개선

우리나라의 교실에 사회과 교육이 도입된지 벌써 40여년을 넘기고 있다. 따라서 현재 우리나라의 사회과 수업이 입시열풍에 짓눌려 버린 중 · 고등학교의 상급학년을 제외하고는 외형적으로는 성작되어가는 듯한 모습을 보이고 있고, 겉으로나마 수업목표의 정립도 이루어지고 있음을 감안하고 앞의 글을 쓴 것이지만, 문제점이 내부에는 심각함을 밝힌 것이다. 그러므로 보다 내실있는 수업목표의 정립은 무엇이어야 할 것인가를 논하는 것이며, 보다 창조적이고 사고력을 증진시키는 수업은 어떤 것이어야 할 것인가를 모색하기 위한 문제점을 추출해 본 것이다. 이제부터의 우리나라 사회과수업이 수업목표를 분명히 달성하는, 보다 질적으로 높은 위치를 갖기 위해서는 앞의 문제점을 고치는것이 우선적으로 선행되어야 할 것이다.

첫째로 한국적 사회과 교육의 풍토를 쇄신하려는 노력이 있어야 하겠다. 사회전체가 바로 어린이나 청소년을 위한 사회과 교실이며, 모든 어른들이 사회과 교사라는 입장에서 자라나는 2세를 위한 잠재적 교육과정을 올바르게 바로잡기 위한 최선의 노력을 해야 할 것이다. 그러나 우리나라 사회과교육의 잠재적 교육과정을 고친다는 일은 결코 쉬운일이 아니다. 그것은 궁극적으로는 사회자체를 근본적으로 개조하는 일이기도 하며, 심지어는 국민성을 바로 잡는 일까지도 관련되는 엄청난 일이기 때문이다. 우리사회의 밑바닥을 흐르는 건전한 사회기풍이나, 사고력을 증진시키는 부모의 슬기로운 육아법 등이 정착되어야만 수준높은 잠재적 교육과정이 될 것이기 때문이다. 우리나라의 잠재적 사회과 교육과정을 간단히 정의 내리기는 쉽지 않다. 그렇지만 흔하지않은 연구 결과로서, 이는 권위에 대한 복종, 집단주의적 사고, 획일화된 사고, 성적을 올리기 위한 목적제일주의적 풍토로 규정한 연구결과가 있다. 이 연구결과는 현재로서 우리나라사회과 교육의 잠재적 교육과정을 연구한 희소한 연구의 하나인 듯 한데 앞으로 더욱 보완되는 과정을 거쳐서 새로운 연구결과가 합세되면 보다 우리의 잠재적 교육과정이 구체화 되리라고 본다. 요컨대 우리나라의 잠재적 사회과 교육과정은 암기력을 위주로 한 집단적, 획일적, 목적위주의 수업으로서 사고력 신장과는 거리가 있으므로 이를 고치려는 연구가 많아야 하겠다는 점이 지적되어야 하겠다.

둘째로 교사들의 사회과 수업실행에 있어서, 살아있는 목표의식의 정립에 대한 노력이 있어야 하겠다. 이것은 사회과교육을 수행하는 사회과교사들의 질적수준에 대한 문제인데, 교사들의 사회과수업을 수행하는 철학이나, 사회과교육에 대한 학문적 깊이가 심화될수록 목표의식은 분명해질 것이다. 특히 사고력을 증가시키기 위한 사회과 수업목표라는 의식이 확고하게 잡혀진 교사라야 기계적 목표에 의한 기계적 수업을 하지 않을것이란 점이 유념되어야 하겠다. 그러한 자세가 갖춰지지 않은 교사의 사회과수업을 말해서 속칭 '국어식 사회과 수업'이라고 말한다.

사회과수업이 왜 교육되는가 라는 목표의식이 없으므로 국어시간에 교과서를 해석하듯이 수업을 함을 말한다. 사회과교사는 꾸준히 공부하는 가운데, 사회과다운 사회과수업이 이루어지고 목표가 뚜렷한 수업을 하게 될 것이다. 교과서를 단순하게 설명해주는 사회과 교사는 공부하는 교사에 의해 퇴치되어야 하고, 창의력을 길러주는 올바른 사회과 교사들이 다수가 되는 어떤 시점이 오면 앞으로 확실하게 암기력을 강요하는 교사는 퇴치될 것이다.

셋째로 열린목표에 의한 사회과수업이 되도록 하여야 하겠다. 그것은 우리가 지금까지 갖고 있었던 완벽한 존재로서의 지식관을 깨뜨리고, 설명식 수업의 장벽을 헐어내는 것을 말한다. 이것은 교사들의 지식을 보는 관점에 혁명적인 대 전환이 있어야만 가능한 것으로서, 그것이 없다면 앞으로도 계속 닫힌 목표에 의한 수업이 계속될 것이다. 지식은 주어지는 것이 아니며 찾아지는 존재이다. 그리고 지식은 설명되어지는 존재라기 보다 탐구되어지는 존재이다. 그리고 나아가 교사는 지식을 주는 사람이 아니라, 학생들과 함께 지식을 찾아나가는 동반자이며 탐구의 반려자라는 생각이 정착 되어져야만 한다. 그러면 사회과 교실은 권위적이고 막힌 분위기에서 혁명적으로 바뀌어져, 생각하고 토의하며 진리를 찾아나가는 흥미있고 생생한 분위기의 열린교실이 될 것이다.

그런데 열린교실이 되는일은 교사 혼자서만 만들어지는 것은 아니다. 일제고사나 학력고사의 성적을 올리라고 경쟁적으로 몰아치는 학교 분위기에서 교사의 열린목표가 존재 할 수 없다. 고교입시와 대학입시에서 닫힌 목표에 의해 이루어진 지식의 평가만을 주로 다루는 삭막한 풍토에서 교사의 열린 목적으로 이루어지는 학교운영, 교육정책이 필수적으로 요망되는 바라고 하겠다.

넷째로 고차적 수준이 지식을 찾는 높은수준의 사고력을 추구하는 교육으로의 교실전환이 요망된다. 지금까지의 사실지식 위주로 암기식 · 설명식 수업으로는 잡다한 지식을 많이 가진 학생은 될지언정, 수준높은 탐구력을 갖춘 학생은 만들어질 수 없음을 숙지한 교사의 사회과 교실운영이 요망됨을 말하는 것이다. 강의식 수업은 사실 지식의 획득에는 적당해도, 고차원적 지식은 강의식으로 얻어지지 않는 것이다. 즉 앞으로의 우리나라사회과 수업에서 추구하는 인간상은 많이 아는 학생이 아니다. 그것은 보다 가치있는 창조적 생각을 해낼 수 있는 학생상으로 과감하게 교체되어야 겠다. 생각컨데 창조적 아기, 창조적 어린이, 창조적 청소년은 때로는 부모도 이해못할 생각, 이 사회가 도무지 용납못할 엄청난 생각을 많이 한다. 그것을 받아주고, 이해하며, 촉진시킬 수 있는 사회과 교실로의 전환은 쉽게 이루어지는 것은아니다. 계란이 달걀을 깨고 나올만큼의 성숙이 있어야하고, 시간을 요하는 것이기도 하다. 또한 많은 노력을 요하는 일인것도 사실이다.

2) 사회과 교수 - 학습의 체제상의 유의점

(1) 사고력 증진을 위한 교수-학습의 흐름

창조적 사회과수업은 계속되는 흐름이 있다. 보다 높은수준의 앎을 찾아나가는, 계속되는 생각의 과정이 필수적으로 존재한다. 그러나 설명식수업은 지식전달을 위한 설명과, 교사주도에 의한 암기결과의 확인과정이 주로 수업의 모든 것이다. 이러한 단순학습의 흐름은 우리나라의 중학교, 고등학교의 고학년으로 갈수록 심하며, 사회과교육은 오로지 강의법에 의해야 하는것으로 인식될 정도로 확고하다고 하겠다. 이를 타파하고 사고를 촉진하는 탐구식 사회과수업은 크게 5단계로 나눠서 생각해 볼 수 있겠다.

첫째로 탐구는 문제의 정의에서 출발한다. 고차적 사고작용을 바탕으로 주어진 사회상황이나 학습자료에서 문제를 도출해 내는 능력은 매우 중요하다. 창조적 사고의 훈련을 학습과정에서 확실하게 학습받은 학생은 날카롭게 문제를 찾아낸다. 그러나 메마른 모래땅과 같은 머리를가진 학생은 생각이 날 수 없다. 싹이 틀 교육이 사회과수업의 첫 단계에서는 꼭 있어야 한다.

둘째로 문제인식이 된 바탕 위에서 잠정적인 해답을 만드는 능력을 가져야 한다. 잠정적 해답은 우리가 가설이라고 하는 것으로서, 가설정립은 탐구의 핵심적 요소이다. 좋은 가설이라고 하는것으로서, 가설정립은 탐구의 핵심적 요소이다. 좋은가설을 만드는일은 고도의 창조적 생각이 필수적으로 요망되는 것으로서, 가설설정 능력을 갖춘 학생은 과학적 사회탐구의 힘을 가진 것이며, 생각하는 창조적 사회인이 될 수 있는것이다.

셋째로 수립된 가설을 적절한 증거에 의해 검증하는 힘이 요망된다. 가설검증은 증거를 수집, 정리, 분석하여 세운 가설이 맞는지 틀리는지를 입증하는 과정인 만큼 약간의 절차적 · 기능적 성격이 있긴 하다. 그러나 가설검증 에있어서도 필요한 증거를 확인하고 평가하며, 수집된 증거를 번역, 해석, 분류하는 등의 수준높은 두뇌활동이 요망됨이 사실이다.

넷째로 가설검증이 끝나면 결론을 도출해내는 단계에 도달된다. 즉 가설이 입증되었는가, 아닌가를 판단하는 최고의 수준높은 단계로 진입하는 것이다. 유용한 증거가 가설을 뒷받침하거나 거부하는 정도를 판단하기 위해서는 문제인식 에서부터 일관되는 총체적이고 종합적인 사고력, 판단력, 평가력이 요망되는 것이다. 끝으로 결론이 도출되면, 이를 바탕으로 새로운 자료에 결론을 적용하여 일반화의 가능성이 어떠한가를 알아보아야 한다. 그리고 한 단계 나아간 더 높은수준의 새로운 탐구를 시작해야 한다. 즉 열린목표에 의한 개방적 탐구가 이루어짐을 말한다. 우리가 탐구해서 얻은결론은 그 단계에서의 결론임을 유의하여야 하며, 더 나아가서 보다나은 창조적 사고를 발전시켜야 함을 뜻하는것이다.

(2) 탐구과정에 있어서 사고활동의 위상

이상의 5단계는 사회탐구 수업의 과정을 극히 간단하게 요약한 것이다. 이와같은 사회탐구의 과정에 있어서 사고활동은 다음과 같은 특색 혹은 우상을 갖는 바, 이들을 마지막으로 살펴봄에 의해서 사회탐구의 기본성격을 보다 뚜렷이 해 보고자 한다. 즉 이를 바탕으로 앞에서 밝힌 우리나라 사회과교실에 문제점을 개선할 방향을 정리해 보기로 하는 것이다.

① 연속된 사고활동

첫째로 모든 탐구과정은 연속된 사고의 흐름으로 뭉쳐져 있음을 말할 수 있겠다. 탐구는 연속된 생각의 덩어리인 것이다. 실제로 학생들이 어른이되어 사회문제에 직면하여 그것을 풀어 나가는 사고활동의 흐름은 나뉜것이 아닌 한 덩어리로 뭉쳐진 사고임을 유의 하여야 할 것이다. 수업전개에 있어서 이 점은 초보자 수준의 탐구를 진행할 때에 자칫 잘못 생각하기 쉬운 것이다. 일부교사들은 대체로 모든 것을 스스로 간섭해야 학생들의 사고활동을 돕는줄 아는데 그것은 잘못이다. 사고전개의 기제는 두뇌활동의 종합적 흐름에 의해서 연속되어지는 것이며, 하나의 탐구는 그 이전의 탐구와 연결되어 있을 뿐만 아니라 그 다음의 탐구까지를 위한 준비단계로 볼 수도 있겠다. 그러므로 어린이들이 숙제를 하거나, 생각을 할때에, 또한 스스로의 탐구에 몰두할 때에 부모나 교사가 계속적으로 잔소리를 하거나 간섭을 하면 창조적 생각이 끊어지고 왜곡되고 방해를 받게 된다. 슬기로운 교사는 학생들의 사고의 흐름을 방해 않는 것이다. 축구경기의 심판은 규칙을 잘 적용하는 것도 중요하지만, 경기운영의 흐름을 끊지 않는것이 매우 중요하듯이, 맹목적 잔소리나 간섭으로 학생들의 심오한 사색을 끊지 말아야 하겠다.

② 사고를 촉진하는 탐구

둘째로 사회과 탐구활동은 학생들에게 체계적이고 과학적 사고활동을 촉진하는 흐름임을 유의 하여야 하겠다. 교사는 학생들에게 매 단계에 있어서 꾸준히 사고활동을 자극하는 기회를 제공하여야 함을 말한다. 그러나 교사가 탐구를 주도해서는 안 된다. 어떤 단계에 있어서도 교사가 주도적으로 나서면,학생은 구경꾼으로 전락하고 말며, 교사의 탐구가 되고 마는 것이다. 교사의 위상은 필연적으로 수동적 · 추종적이어야 하며, 결코 명령적이고 규정적 · 간섭적 이어서는 안된다. 교사는 앞에 나서는 것이 아니라, 어린이나 학생의 옆에 있어야 하는 것이다. 문제의식, 가설설정 및 검증, 결론도출 새로운 상황에의 적용 및 새로운 탐구의 출발은 모두가 학생들에 의해 주도적으로 이루어지며, 교사는 이를 돕고 촉진하는 일만을 하여야 한다. 그런데 그 촉진은 끊임없이 사고활동을 자극하는 것이어야 한다. 따라서 사회탐구에 있어서 사고활동은 학생 중심적이고 학생을 존중하는 분위기가 정착되어야 한다. 학생존중의 분위기는 사회탐구에 있어서 교사들에게 필수적이다. 학생을 무시하고 교사가 최고의 권위자인 곳에서는 설명은 있어도 탐구가 되기는 어려운 것이다.

③ 다양성있는 사고활동

셋째로 사회과 탐구의 흐름은 판에 박은 도식적 흐름이어서는 안 된다. 판에 박은 지루한 흐름에서는 창조적 사고가 이루어질 수 없다. 수업의 형태가 토론, 조사, 자원인사, 초빙, 답사, 실험, 연구, 탐험 등의 다양한 흐름에 의해서 이루어져야 폭넓은 사고능력을 키워주게 된다. 오늘날 학교현장에는 많은 교실에서 판 에박은 수업으로 학습의 흥미를 잃게 하며, 사고작용을 기계적으로 단순화 시켜서 학생의 사고활동을 위축시키고 사고활동의 순발력을 잃게 만든다. 교사는 학생들의 사고활동이 긴장된 박진감을 가진가운데 이루어질 방안을 널리 고려하여야 할 것이다. 극장에가서도 졸리는 영화에는 잠을 자게 마련이듯이 수업도 재미가 없고 단순한데 학생들을 깨어있으라고 강요할 수는 없는것이다.

④ 현재의 과학수준을 뛰어넘는 사고

넷째로 사회과 탐구의 흐름은 기존의 사고범위를 초월하는 힘을주는 것이이야 한다. 교사의 수준을 뛰어넘지 못하는 학생들에게 이 사회의 발전된 미래를 기대할 수는 없다. 이 사회가 학생들에게 바라는 궁극적인 것은 세계제일의 빼어난 창조성인 것이다. 이 시대의 지식수준을 맹신하는 기계적 학생에게 앞날의 보다 나은 사회를 만드는 창조적 일을 바랄 수는없다. 탐구는 오늘의 사고수준을 초극하는 능력을 갖춘 무한히 도전하는 마음을 가진 학생들을 키워내는 일이라 하겠다.

⑤ 사회에 뿌리를 둔 사고

다섯째로 사회과 탐구과정은 그 사회를 비추는 거울이요, 그 사회를 중심적으로 생각하는 위치에서야 한다. 그 사회를 떠난 고답적이고 신선같은 사회, 무릉도원 같은 이상향, 외국의 이질감나는 사회를 대상으로 탐구가 이루어지는 것은 아니다. 계속적으로 우리사회를 생각하고, 고민하며, 우리사회의 보다 나은 앞날을 생각하는 과정인 것이다. 사회과 수업에서의 사고는 다분히 사회에 뿌리를 둔 사고여야 함을 말한다. 외국의 사회는 비교의 가치가 있어 사회에 뿌리를 둔 사고여야 함을 말한다. 외국의 사회는 비교의 가치는 있어도, 본질적 가치를 갖는 것이 아니다. 사회과 수업에있어서 생각할 대상은, 못나도 우리사회요, 잘나도 우리사회이다. 그러므로 사회과교육 시간에 활동하는 자료도 가능한 한 교실주변에서 우리의 삶과 직결되는 것을 찾도록 해야겠다. 그러한 자료라야 살아있는 생생한 수업이 될 수 있으며, 학생들의 탐구도 실감날 수 있을 것이다. 그리고 외국의 이론이나 자료를 무비판적으로 교실에 도입하는 것도 삼가야 하리라고 본다.

⑥ 철학이 깃든 사고

사회과 탐구과정은 여섯째로 철학적 사고의 흐름이기도 하다. 철학이란, 왜 인간이 사는가를 파고들어가는 사고활동이라고 할 수 있겠는데, 사회탐구에 있어서의 사고활동은 궁극적으로 철학활동 자체인 것이다. 생각하는 사회인이란 바로 철학하는 삶이나 인간다운 삶을위한 몸부림으로서 이것이 바로 사회과 수업에 있어서의 사고활동이라 하겠다. 사실상 우리나라의 사회과교육의 역사가 짧다보니까 우리의 사회과 교육철학이 아직 무르익지 않았기 때문에 사회과 교육에서 철학을 말하는 풍토가 희박한 것이지, 사회과 교육은 당연히 사회과 교육철학에 의한 사상적 뒷받침이 있어야 하는것이다. 우리나라에도 앞으로 우리의 확고한 사회과 교육철학이 형성되어야 하겠고, 그것을 만들려는 노력도 많이 나와야 하겠으며, 사회과 교육은 바로 철학이라는 생각도 정착되어야 하겠다.

⑦ 과학적 토대가 있는 사고

다음 일곱번째로 탐구과정에 있어서의 사고는 과학활동의

모습을 갖고 나타남을 유의해야 하겠다. 사회탐구를 하는 사회인은 바로 생각하는 사회인이 나타남을 유의해야 하겠다. 사회탐구를 하는 사회인은 바로 생각하는 사회인이다. 그런데 그 생각은 과학적 접근에 의할 때에만 합리적이고 설득력이 있으며, 보다 생산적인 것이다. 그러므로 사회탐구는 사고활동이면서 동시에 과학활동 이어야 함을 말하는 것이다. 한때 우리나라에서는 교가교육도 학문이냐? 는 우스운 질문을 하는 경우도 많았고, 그것은 연구하는 대학원은 석사수준으로만 이어져 왔다. 그러다가 박사과정은 한두개 대학에 최근에야 개설되는 상황이다. 예컨대 우리나라의 많은 사람에게는 정치학 자체는 알아도 정치학을 가르치는 학문인 사회과교육은 학문이 아닌 줄 아는 흐름이 널리 퍼져 있다. 도대체 정치교육에 대한 인식도 없다. 그러한 인식이므로 정치이론을 학교에서 단순하게 설명해주면, 바람직한 정치적 태도와 정치의식을 가진 사회인이 된다는 평이한 생각을 갖게 되는 것이다. 정치학이 과학임이 분명하듯이 정치학을 가르치는 사회과 교육도 과학이다. 사회탐구가 과학활동이라는 확고한 신념을 가져야 교사들이 학생들의 과학적 사고를 돕는다는 생각이 널리 인식되어져야 하겠으며, 교육대학에 사회과교육을 학문적으로 심화 연구하는 대학원이 시급히 개설되어야 하겠으며, 사범대학 대학원에의 지원도 계속 강화되어야 하겠다.

⑧ 미래를 생각하는 사고

사회탐구 활동의 사고는 여덟번째로 미래지향적 성격을 가진 것이어야 하겠다. 미래학에서 미래연구는 현재가 미래를 결정한다는 가정하에 진행된다. 즉 미래연구는 인간활동과 세계에 있어서의 가능한 변동을 찾아내고, 분석하고 평가하려는 활동이다 그러므로 탐구활동은 다분히 미래지향적 사고를 필연적으로 내재하고 있어야한다.

⑨ 시간개념이 확보된 사고

사회탐구에서의 사고활동은 아홉번째로 시간개념이 전제된 사고활동 이어야 한다. 그것은 모든 사고활동은 충분한 사고가 이루어질 시간이 확보되지 않고는 불가능함을 말한다. 그것은 그러므로 두뇌활동이란 고도의 높은 수준의 컴퓨터와 같은것으로서 그 컴퓨터를 무조건 작동한다고 되는것이 아니라 충분한 휴식도 있어야 하고, 천천히 작동하다가 빨리 작동하고, 알맞게 작동하다 빨리 작동한다든지 하여 절도있는 두뇌활동 이어야 함을 말한다. 경륜이 낮은교사는 학생들에게 질문을 하고서 적절한 시간을 주지못하며, 한 시간의 수업에 있어서도 시간배분을 어떻게하면 적절한가에 실패한다. 이렇게 허겁지겁 수업을 이끌어가면 학생들의 사고활동이 존재하기가 어렵다. 사고활동은 절대시간이 있어야만 절대적으로 존재하기 때문이다.

⑩ 개방적 사고활동

사회탐구에 있어서 항상 유념할것은 열번째로 사고활동의 개방성이 보장되어야 한다는 점이다. 이에 대해서도 앞에서 강조했지만, 다시한번 강조할 만큼 매우 중요한 것이다. 우리나라의 교실에있는 앞날의 확산적 사고를 촉발하는 개방적 흐름은 거의 견디지 못하며, 수업이 끝날때에 개방적으로 끝난 적이 거의없다. 결론을 맺어서 생각을 덮어버려야만 학생들도 좋은 수업인줄 알고 교사도 그렇게 해야만 속이 시원하게 느끼는데 그것은 확실하게 고쳐져야 될 것이다.

⑪ 개인차를 고려한 사고활동

끝으로 사회탐구의 사고활동은 각 학생들의 개인차를 인정한 가운데 이루어지는 개별화된 접근이어야 한다. 학생들 수십명씩 한 교실에 몰아넣고 수업을 해야하는 교사의 입장에서 볼 때에 가각의 학생들이 창의성있는 사고활동을 개별화시켜 유의한다는 일은 쉬운일이 아니긴 하겠지만, 교사가 거기에 무관심하면 한시간의 사고활동은 소수학생의 사고만을 돕는 결과를 낳게 될 것이다. 수업형태, 발문법, 학생조직, 과제학습 등의 여러가지를 교묘히 활용하면 다수인 학급의 문제점은 힘들지만 아쉬운대로 해결될 수 있으리라고 본다.

지금까지 사회탐구에서 특히 인지적 측면이 가진 성격과 탐구의 전제로서의 가치관이나 태도에 대해서 살펴보았다. 그리고 이에 덧붙여 탐구과정에서 창조적 사고력을 향상시키기 위해 유의할 점들을 살펴보았다. 결론적으로 두 가지를 말하고자 한다.

첫째로 지금까지 사회탐구를 진행해나가는 교실에있어서 탐구의 본질적 성격이 뚜렷하게 규명된 적이 드물고, 탐구과정이란 의미를갖는 것인가에 대한 논의가 한국의 교실에서 별로 없었다는 점이 지적된다. 왜 사회탐구를 하고있는가에 대한 방향의식이 없으면서 바람직한 사회탐구가 이루어지지는 어렵다. 또한 사회탐구자는 어떤 가치관과 태도를 가져야 하는가가 불명한 가운데 바람직한 탐구지자가 될 수도 없음을 자명한 것이다.

둘째로 교실에서의 사회탐구력은 바로 한국사회 전체의 사회탐구력을 말한다는 점을 지적해야 하겠다. 사회가 고도화되고 민도가 높아지려면 사회를 살아나가는 기초적 능력이나 자세가 확실하게 정립되어져 있어야 한다는 것이다. 우리사회의 많은부문은 아직도 낮은 탐구능력에 의해 바람직하지 못하게 움직여지고 있음을 유념하고 이에대한 교육자들의 관심이 요망된다.

그 사회의 사회적 역량은 사회과 교실에서 싹이 트는 것이며, 사회발전력도 사회과 교실에서 열매맺는 것이다. 그렇다면 우리 사회의 성숙된 앞날을위해 특히 필요한것이 무엇인가를 지적해 보도록 하자.

첫째로 탐구의 개방성에대한 많은 관심이 요망된다. 사회활동에 있어서 항상 진지한 자세로 삶을 개척해 나가는것은 학생이나 성인이나간에 모두 절실한 것으로서 미래지향적 삶의 씨앗은 세상을 살아가는 개방적 탐구자세에서 비롯됨이 유의되어야 하겠다. 교사들이나 학생들의 삶도 그렇고 더 나아가 사회인 전체가 이와같은 생활자체가 몸에 배도록 해야 되겠다.

둘째로 증거를 존중하는 사회활동의 자세나 가치관의 정립이 매우 요망된다. 도대체 한국사회와 같이 허무맹랑한 거짓정보나 왜곡된사실이 공공연하게 믿어지는 성향이 많은 사회도 없다고 할 정도로 한국인들의 사회탐구의 자세는 아직도 낮다. 뚜렷한 증거를갖고 사회생활에관한 의사결정을하고 이에따라 행동하는 흐름이 범사회적으로 정착되어야 하겠다. 어린시절부터 체질화된 증거존중의 생활율은 그 사회전체를 보다신뢰할 수 있는 근거가된다고 할 때에, 이에대한 훈련이 끊임없이 계속되도록 교사들이 사회탐구에서 세심한 배려를 해야 할 것이다.

셋째로 객관적으로 사회를보고 행동하는 자세의 정립도 크게 요망된다. 한국사회의 많은흐름이 전근대적인 자기중심성에 의해 지배되고 있다는점은 누구나 느끼는 바이다. 자기본위의 독단이나 아집에 의해서 세상을 살아가며, 순리가 아닌 무리를 존중하는 풍토는 결코 성숙된 사회가될 수 없는것이다. 물론 객관성을 존중하는것은 앞의 증거를 존중하는 것과 상통하는 면도 크다. 뚜렷한 증거를 바탕으로 객관적으로 세상을 보는 눈은 우리사회가 근대화되는데 있어서 정신적으로 매우 중요한 요인인 것이다.

넷째로 모호성을 인정하는 태도를 바탕으로하여 신중한 판단을 내리는 풍토가 정착될것이 긴요하다. 무게있고 사려깊은 의사결정은 또 하나의 사회성숙에 대한 지표라고 하겠으니, 앞에서도 지적했지만 우리사회를 지배하는 성급함에 대한 치료도 사회과 교육에 의해 이루어져야 하겠다. 작게는 거리의 택시기사에서부터 심지여 정부의 고위정책결정자 까지도 너무나 경솔하게 의사결정을 내리고 너무나 가볍게 행동화해 나가는 우리사회의 많은습성은 보다 내면적인 뿌리로부터의 개선이 필요한 것이다. 사회탐구를 지도해 나가는 교사들은 교실에서의 사회탐구가 우리사회 전체의 미래가치관이나 태도를 결정해 나간다나는 점을 항상 유념해야 하겠다. 끝으로 이러한 탐구의 기본성격이나 기본전제가 보다 의미 있는것이 되게 만들려는 노력으로서의 사고기능을 촉진시키려는 여러노력이 경주되어야 할 것이다. 앞으로의 한국사회과 교육이 비약적 발전을 이룩하여, 세계에서 뚜렷한 위상을갖고 세계사회를 이끌어나갈 세계인으로서의 한국인을 길러나가는 것은 바로 고도의 사고력신장에 그 핵심이 존재해 있기 때문이다.

제6장 사회교육방법의 과정

1. 사회교육의 계획과정

1) 사회교육계획의 의의

사회교육자는 효과적인 사회교육을 진행하기 위해 각 학습과제에 대한 많은 시간과 노력을 투자 한다. 사회교육계획이라 함은 사회교육 과정표에 설정된 특정한 교육내용을 어떻게 실제적인 교육으로 옮겨 놓는가에 대한 모든계획을 말한다.

교육은 바람직한 행동변화를 위한 의도적인 노력이므로 사회교육자의 합리적인 사회교육계획은 교육자의 효과적인 교육진행과 피교육자에게도 효과적인 학습성과를 거두게 하기 위해 절실히 요청되고 있다. 교육을 효과적으로 운영하기 위해서는 교육자가 피교육자에게 올바른 태도변화를 유발할 행동과 경험을 선택하고 계획하여야 한다. 이러한 준비는 사회교육계획의 본질이다. 피교육자의 학습은 주로 피교육자의 능력과 흥미에 적합한 경험을 면면히 선택하여 분담시키고 학습을 체계화 시켜야한다.

2) 사회교육계획의 단계

사회교육계획을 체계적으로 세워나기기 위해서는 다음과 같은 단계를 거쳐 가게된다. 즉 피교육자 또는 관련기관의 요구분석, 사회교육 프로그램의 목표설정, 목표설정의 전략프로그램내용의 선정 및 프로그램 운영방법을 선정하고 이것을 조직하는 단계를 거치게된다.

(1) 요구분석

사회교육은 그 본질상 다른 어떤 분야보다도 피교육자, 기관, 사회 등의 요구를 파악해야 한다. 요구란 현재의 상태나 수준과 바라고 원하는 이상적인 소망상태나 수준간의 차이를 뜻한다. 특히 교육적 요구란 현재의 학습, 배움에 관한 능력수준이나 상태, 개인 및 사회적으로 기대되는 바람직한 학습에 관한 능력수준 및 상태사이의 관념적, 실제적 간격과 차이를 의미한다.

요구분석(needs assessment)이란 요구를 규명하고 측정하는 체계적인 접근방법을 뜻한다. 요구분석의 목적은 학습자의 요구를 분석하여 요구의 영역을 파악하고 그 영역을 구체화 하는 것이다. 요구분석의 작업절차는 우선 요구조사를 하여 자료를 수집한 다음, 그것을 어떤기준을 가지고 분석하여 사회교육프로그램 목표설정에 반영한다. 요구분석 모형에는 여러가지가 있지만 사회교육 요구분석용으로는 Moker와 Spear의 모형을 둘 수 있다. 모카와 스피어는 요구분석을 기술-처방적 유형(descriptive-prescriptive dimention)과주관-객관적유형(subjective-objective dimention)으로 나누었다. 기술적인 요구분석이란 개인이나 집단이 그들 자신의 개인적 요구를 밝히거나 학습 되어져야 할 것을 경정하는데 관련된 과정이며, 처방적 요구분석은 개인이나 집단이 다른 사람들이 학습해야 할 것을 결정할 때 나타난다.

그리고 이 두 유형의 요구분석은 각각 주관적 이거나 객관적인 요구결정 과정을 갖게되어 네개의 범주가 생기게 된다. 이것을 그림으로 나타내면 (표 6-1)과 같다.

<표 6-1>

유형 · I 기술-주관적	유형 Ⅲ 처방-주관적
유형 Ⅱ 기술-객관적	유형 Ⅳ 처방-객관적

① 기술 - 주관적 유형은 한 개인이 자기 지식적인 학습계획을 가지고 있을 때 해당된다. 그 자체가 개인적, 자발적이며 어떤 교육적 요구가 자기의 생활에 가장 중요한 것인가를 결정하는데 관한 책임을 학습자가 진다.

② 기술 - 객관적 유형은 기술-주관적 유형과 거의 같으나, 계획에 대한 책임을 학습자와 교육자가 나누어진다.

③ 처방 - 주관적 유형은 지역사회 교육프로그램의 관리자나 전문기관에서의 계속 교육활동의 계획수립자에 의해서 결정된다.

④ 처방 - 객관적유형 본질적으로 가장 형식적인 것으로 학점 부여 등에 관련된 것과같이 가장 구조화된 프로그램에서 사용된다. 결국 요구분석의 과정은 사회교육프로그

램 목표를 설정하는데 기초자료로 이용된다.

(2) 사회교육 프로그램의 목표설정

사회교육의 학습목표는 교육자가 교육을 통해서 피교육자에게 습득시키고자하는 바를 광범위하면서도 명료하게 설명하는 지표를 의미하는데 이것은 피교육자, 교육기관 또는 그 지역사회의 요구분석에서 나온 공통된 욕구를 바탕으로 짜여진다.

교육자는 학습목적을 명백히하고 간결하게 설정함으로써 해당교육의 교육지침과 방향을 제시할 수 있고 효과적인 학습성과 달성을 위한 자료를 수집하고 교육내용을 체계화할 수 있다.

학습목적이 불명료하거나 애매모호하면 학습범위와 교육지침을 설정하는데 어려움이 따르게 된다. 학습목표를 설정할 때에는 다음과 같은 세가지 요소가 반드시 포함되어야 한다.

첫째, 목표-학습을 하기위한 달성하려는 자료로서 학습목적의 핵심이되는 부분이다.

둘째, 주제-학습을 하기위한 과목의 "테마"로서 결과를 가져오게하는 강의제목을 의미한다.

셋째, 학습 정도-주제를 어느 정도의 범위와 내용으로 습득시킬 것인가 하는 학습정도를 말한다.

이와같은 요소를 포함시키면서 학습목표를 설정할 때 좀더 자세한 유의사항을 제시해보면 다음과 같다.

□ 기관의 목적

정부의 관련 행정기관에서 설정한 사회교육의 목적은 물

론 사회교육을 실시하는 기관이나 단체의 의도와 목적도 고려해야 한다.

□ 지역사회와 학습자의 요구

지역사회의 인적, 물적, 사회적 환경에 대한 요구분석(need assessment)과 아울러 학습자의 특성 및 요구를 목표에 반영해야 한다.

□ 자격증이나 학위부여의 여부

단순히 자격증을 따기위한 것이라면 기술적 성취목표가 적합하며 학위취득의 경우에는 장기간의 체계적 목표를 세워야한다.

□ 학습여건

사회교육 프로그램 목표를 세울때에는 기관의 재정여건, 학습시간, 시설, 설비 등도 고려해야 한다.

□ 지도성

능력있는 지도자를 확보 했느냐의 문제도 프로그램 목표설정의 근거가 된다. 또한 자원봉사자를 활용하느냐, 전문가를 초빙하느냐도 목표설정에 영향을 미친다.

□ 학습목표의 명확성

학습목표는 명확하고 단일하게 서술하여야 한다. 예컨대의 전술한 바와같이 등등 학습목표가 장황하거나 애매하면 학습의 방향과 범위가 모호해져서 학습범위 설정에 혼란을 야기시키게 된다.

□ 달성가능성

학습목표는 교육자가 그것을 달성할 수 있는 범위내에서 설정되어야 한다. 즉 학습목표는 주어진 시간과 장소 내에서 달성될 수 있어야 한다.

□ 피교육자의 학습능력 고려

학습목표는 피교육자의 학습능력, 경험, 지식정도 등을 고려해야 한다. 특히 사회교육의 대상은 매우 다양하기 때문에 학교교육에 참여하는 학생의 학습목표와는 매우 특이한 특성을 나타내야 한다.

(3) 프로그램 내용의 선정

기본적으로 사회교육 프로그램의 내용은 학습자, 사회, 기관의 요구분석을 기초로 선정되는데 이중 학습자의 요구가 가장 중요하다.

사회교육에 대한 교육적 요구는 원칙적으로 사회교육 대상자의 배경 및 특성 즉 성별, 연령별, 거주지역, 직업, 수입, 교육수준, 사회계층에 따라 다르다. 그러므로 사회교육 프로그램의 내용영역에 관한 견해는 학자에 따라 다소 차이가 있지만 사회교육의 내용에 따라 영역별과 목적별로 구분해 보면 다음 (표 6-2)와 같다.

<표 6-2> 영역 및 목적별 사회교육의 내용

가족생활교육	• 자녀에 대한 이해와 진로지도 • 자녀의 학습지도 • 자율적이고 규칙인 생활습관의 형성 • 전기,수도시설 및 가정용품수리기능 • 재봉,수예,요리 등의 가사기술	• 주거환경관리 • 미용관리 • 분수에 맞게 가계 운영 • 원만한 가족 관계의 유지 • 웃어른 섬기기 • 건전한 이성교제와 배우자선택 • 가족구서원으로서의 책임과 역할 • 재산증식 및 관리법	• 현명한 구매활동 • 생활법률 • 결혼후 본인의 분가문제 • 자녀의 결혼과 분가문제 • 자신의 노후대책 • 가족문제의 의논 및 해결방안 • 가정의 기능 • 친족관계

시민생활교육	• 민주시민의 자질 함양 • 의사소통 기술 • 지도성 함양	• 우리나라의 미풍 양속 • 대인관계 • 사회봉사정신 및 활동	• 현대사회 변동에서의 적응 • 정치이해 및 참여교육 • 사회복지제도의 활용 • 국민의 의무와 관리 • 지역사회활동에의 참여 • 주민간의 의사소통 • 사회문제진단 • 청소년 문제에 대한 관심과 선도방안 • 노인문제 • 사회질서유지 • 소비자 보호 • 국제이해교육 • 애국심(국가관 확립) • 국내,외 시사문제
여가교육	• 양돈,양잠,양봉,양계, 양우 등 • 새끼꼬기, 가마니, 돗자리 치기 등 • 양초,바가지공예등 (공예품이나 도자기)	• 악기연주, 노래부르기 및 음악감상 • 그림 그리기와 미술작품 감상 • 운동경기 참여 및 관람체조나 무용 • 나무,화초재배 • 등산,낚시,여행, 관광 등 • 서예, 꽃꽂이, 사진, 실내장식 등	
영어 / 목적	자실향상을 위하여	자기충족을 위하여	사회적 활동에예의 적응 및 참여를 위하여
기초 및 교양교육	• 기초문맹교육 • 기능문맹교육 • 외국어교육 • 의사표현력 • 예의범절교육 • 정신능력계발교육	• 건전한 가치관 함양 • 독서교육 • 능력과정성개발교육 • 성취동기 함양 • 긍정적인 자아개념 • 종교교육	• 대중매체에 대한 바른 이해와 판단력 • 정치,경제,사회문화에 대한 이해 • 한국의 역사와 전통 문화의 이해 • 민원서식 절차 • 공공 시어버스활용
직업, 기술전문교육	• 전문적인 직업기술교육 • 가사기술교육	• 직업관교육 • 직업윤리교육 • 직업정보	• 노사관계의 이해 증진 • 생산유동 및 소비

	• 현직교육 • 취업교육(직전교육) • 자격,면허,졸업증 취득 직업교육 • 승급(승진)직업교육	• 직업선택 및 적응	관계 • 효과적인 생산, 판매기술 • 소속감 • 직장내에서의 역할 수행
건강 및 보건 교육	• 기본적인 보건지식 • 신체적, 정서적 발달과정에 대한 지식 • 응급치료법과 구급위생	• 기초체력의 유지 및 단련법 • 건강유지 섭생법 • 성격 훈련법 • 정신위생 • 질병예방 및 치료법	• 직업병의 원인과 대책 • 환경오염 및 공해 • 공중위생

위 표와같이 사회교육내용을 영역별, 목적별에 따라 분류하여 설명한 것과같이 영역별로 나누어 보면 기초 및 교양교육, 직업, 기술, 전문교육, 건강 및 보건교육, 가족생활교육, 시민생활교육 및, 여가교육 등으로 분류해 볼 수 있다.

이러한 분류의 기준은 성인이 일상생활을 영위해 나가는데 요구되는 각종교양, 정보 및 기술을 영역화 시킨 것이다.

그리고 사회교육의 내용을 목적별로 보면 자질이 향상을 위하여, 자기충족을 위하여, 사회적 활동에의 적응 및 참여를 위하여 등과 같이 인간의 질적 향상에 요구되는 사회심리적 내용을 영역화 시킨 것이다.

이처럼 사회교육 내용은 다양하기 때문에 사회교육의 대상, 주체 및 장소에 따라 매우 적절하게 나타나야 한다. 일반적으로 사회교육 프로그램을 선정하는데 고려해야 할 기준은 다음과 같다.

□ 합목저성

프로그램내용은 프로그램 목표와 일관성이 있어야 한다.

□ 적합성

학습자의 요구에 부합되는 동시에 그들의 잠재가능성을 적정 수준까지 최대로 발휘하 하며, 아울러 요구 및 기관의 인적, 물적여건에 적합한 내용 및 활동일 것.

□ 창의성

가급적 다른 기관이나 학습자들이 구성하지 못했던 새로운 프로그램일 것.

□ 융통성

변화 가능성이 있으며 적절한 때에 대치가 가능한 프로그램일것.

□ 상보성

학습자들이 프로그램 진행에 능동적으로 참여함 동시에 프로그램의 혜택을 받을 수 있는 프로그램 일것.

(4) 사회교육 프로그램방법 선정

사회교육 방법이란 광의적으로는 사회교육의 목적을 달성하기위한 모든 계획적 조치이다. 즉, 사회교육방법을 다른말로 표현하면 학습자의 학습의지와 거기에 대응하는 교육의지가 전개되는 사회교육활동 및 그것과 직접 연결된 영역으로 목적달성을 위하여 필요한 수단 및 방식이라고 규정하였다. 사회교육방법은 세가지 특징을 지니고 있다.

첫째, 학습자를 학습활동으로 유인해줄 수 있는 분위기 또는 환경 등을 제공한다. 그리고 사회교육방법은 그때 그때의 활동상황과 활동대상자들의 능동적인 참여가 적용되어야 하기 때문에 일관성 있게 기술되기가 실제로 매우 어렵다. 이와같이 사회교육방법은 다양성과 융통성을 지니고 있기 때문에 그 방법에 관련된 사회교육방법의 종류도 매우 다양하게 제기할 수 있으나 일반적으로 쓰여지는 사회교육방법의 종류를 몇가지 제시하면 다음과 같다.

①학습자 조직방법에 의한 분류

학습자 조직방법에 의한 분류는 개인적 방법과 집단적 방법으로 대별된다. 전자는 학습자 개인이 자기학습을 위해 사회적으로 제공되는 학습매체를 이용하여 자기 스스로 배우게 하는 방법이다.

여기서 사회교육방법은 학습자로 하여금 자기 주도적으로 학습하는 방법을 배우게끔 만들어져야 한다. 예를들어 도서, 잡지, 방송 등 혼자서 입수할 수 있는 학습매체를 사용하여 가정이나 직장, 사회교육 시설에서 개인이 행하게 하는 학습이다.

반면 후자는 상호학습 방법으로서 집단적 활동을 통하여 불특정 다수가 학습하는 형태의 학습방법 이다. 이는 개인이 가지고있는 욕구와 동기, 감정 및 목적 등이 개인들의 상호작용에 영향을 미치게 된다는 잡단역동 이론을 토대로 개발된 것으로서 집단활동 과정을 통해 자기 및 타인의 수용, 자아의 확립, 가치 및 태도의 변화와 같은 목적을 달성할 수 있다.

② 학습원조 방법에 의한 분류

학습장면에서 학습을 원조하는 다양한 사회교육방법 중 대표적인 지식, 정보습득의 방법은 강의법이다. 강의법은

- 학습자가 학습해야 할 과제에 관하여 충분한 예비지식이 없을 때.
- 전체의 개관, 체계적인 정보, 고도의 지식 등을 획득하려 할 때.

• 중요한 문제인데도 불구하고 시간의 제약이 있을 때 등에 유효한 방법이다.

지식, 기술의 응용을 원조하는 사회교육방법 중 대표적인 것으로는 토의법이 있다. 토의학습은 집단상호간의 자기의견을 자유롭게 발표, 수용함으로써 상호협력의 의미를 구체화시키는 민주주의의 원리를 반영하는 교육방법이다. 일반적으로 토의법은 태도변화 교육 등에 적합한 것으로 알려져 있으나 다음과같은 문제점을 지니고 있다.

첫째, 참가자의 지식이나 경험의 범위를 넘는 학습목표에는 바람직하지 못하다.

둘째, 발언이 특정인에게 한정되기 쉽다.

셋째, 단시간에 많은것을 전달할 수 없는 문제점을 가지고 있다. 학습원조의 또 하나의 방법인 기술, 기능의 습득을 원조하는 방법으로는 실습법이 대표적이다. 실습이란 실지 또는 실물에 관하여 학습하는 것이고, 자별적인 활동, 체험학습, 생활과제에의 접근이 기대되는 방법이다. 일반적으로 실습식교육은 1시간당 약 10분 정도의 강의와 30분 정도의 실습, 5분 정도의 정리교육으로 구성하는 것이 바람직하다.

③ 학습매체의 활용방법에 의한 분류

매체가 내용이라는 말처럼 매체는 교육의 질을 높이는데 매우 중요한 역할을 한다. 학습매체는 크게 인쇄매체와 시청각매체로 대별되는데, 사회교육의 매체는 주로 시청각 보조물을 활용한다.

좋은 시청각교재는 여러가지 잡다한 현실장면에서 본질적 요소를 추출하여 그것을 아름답게 적합한 영상으로 표현한 것이며, 이러한 시청각교재를 선정하는 일이 매우 중요하다.

사회교육 프로그램 방법의 선정은 방법자체가 가지는 성격과 학습자의 특성, 학습의 목표 및 내용 그리고 학습이 이루어지는 상황 등을 참조하여 결정해야 한다. 사회교육방법을 선정할 때 참고해야 할 원리는 다음과 같다.

□ 현실성

교육방법은 지역적, 시대적, 사회문화적인 현실속에서 적합한 것이어야 한다.

□ 다양성과 변화가능성

한가지 학습과정에 있어서도 수시로 다른방법을 도입하거나, 전체가 조화와 균형을 이루도록 변화를 줄 수 있는 방법을 선정하여야 한다.

□ 적절성 및 효율성

다양한 방법의 도입은 적당한 선에서의 최적성 또는 효율성을 전제로 허용된다.

□ 자발성

학습자 스스로 자기의 학습목표를 달성해가는 과정에 교육방법을 임의로 선택하기도 하고 학습의 진전에따라 여러가지 방법을 조합하여 전체적인 성과를 높일 수 있도록 다양한 선택이 이루어져야 한다.

□ 피교육자 참여의 극대화

피교육자의 발표나 행동표현과 같은 참여를 최대한으로

보장해주는 방법을 선정한다.

□ 감정의 상호교류 가능성

학습자가 스스로 이해하도록 돕기위해 지도자와 학습자 간에 또는 학습자 상호간에 감정이 교류되기 쉬운 방법을 선정한다.

(5) 사회교육 프로그램의 조직

사회교육 프로그램 내용과 방법을 선정한 후에는 최대의 학습효과를 올릴 수 있도록 실기기간, 내용의 우선순위 등에 따라 프로그램을 횡적, 종적으로 조직해야한다.

프로그램을 효과적으로 조직하기 위한 일반적인 원칙은 다음과 같다.

① 학습할 내용을 과거의 것으로부터 점차 현재의 것으로 배열한다.

② 학습할 내용을 단순한 것으로부터 점차 복잡한 것으로 배열한다.

③ 이미 알려져있는 내용으로부터 미지의 것으로 배열한다.

④ 가장많이 이용하는 것으로부터 가장적게 사용하는 내용으로 구성한다.

⑤ 가까운 곳에서 먼 곳으로 관련지어 구성한다.

이와같은 원칙에따라 사회교육프로그램이 조직되면 피교육자의 학습효과를 효과적으로 증진시키게 된다. 그리고 제시된 원칙을 좀더 포괄적으로 제시해보면 계열성의 원리란, 어떤내용을 얼마나 반복할 것인지를 생각해보는 것이며 통합성의 원리란, 각종의 다양한 프로그램이 의미있게 통합되어 보다 높은 공동목표를 성취하는데 기여하는 것을 주안점으로 조직하는 원리를 의미한다.

2. 사회교육의 수행과정

사회교육의 목적을 달성하기위하여 사회교육을 실제로 전개하여야 하는데 이러한 전개는 이미 만들어진 사회교육 프로그램을 실천에 옮기는 단계를 의미한다. 즉, 사회교육의 수행과정 프로그램의 내용과 방법을 선정하고 조직하는 단계(계획과정)와 평가과정 사이에서 일어나는 구체적 활동단계 이다. 이러한 수행과정의 단계에는 특히 고려되어야 할 유의사항 있으며 또한 이 단계에는 교육자와 학습자간의 직접적인 관계가 일어나기 때문에 교육자가 학습자에게 지도하는 학습지도의 원리와 이러한 원리가 교실안에서 대개 이루어지므로 교실수업에 관련된 원리를 여기서 제시해 보겠다.

1) 사회교육 수행시의 유의점

사회교육을 실시할 때 유의해야 할 사항은 여러가지가 있지만 그 중에서 대체로 중요한 내용은 다음과 같다.

(1) 래포(rapport)형성

사회교육을 수행할 때 교육자와 피교육자 간에는 상호 친밀한 분위기가 조성되도록 한다.

(2) 과제중심의 전개

사회교육프로그램 전개는 무엇보다도 당면과제 해결에 중심을 두어야 한다.

(3) 비지시적인 지도방침

교육자는 피교육자의 의견을 존중하여 그들이 제안하는 여러가지 대안이나 참여자에게 문제의식을 일으켜 그들이 스스로 문제를 해결할 수 있도록 도와준다.

(4) 프로그램 내용과 방법의 혼용

사회교육 프로그램을 어떤 지식내용의 전달보다도 태도와 기능의 변화에 목적을 두는 경우가 많기 때문에 어떤것은 교육방법 그 자체가 프로그램 내용이 될 수 있다. 예컨대, 협동심을 기르기 위한 프로그램은 실습 등을 통해 참여자가 함께 힘을 모음으로써 보다 큰 효과를 가져올 수 있는 것이다. 사회교육 지도자는 참여자간의 상호학습이나 자율학습과 탐구과정을 거치도록 분위기와 여건을 마련하고, 그들의 활동을 용이하게 하도록 협조하거나 지원해야 한다.

2) 학습지도의 원리

교육자들은 교수(teaching)가 하나의 과학인 동시에 예술로 생각하고 있다. 따라서 교육자의 일차적 과제는 교수의 예술과 과학의 특성을 파악하여 효과적인 교수, 학습상황을 창조하기 위해 이들 요인들을 잘 조화시키는 것이다. 여기서 교수법이 어려운 것은 마음의 법칙에 관한 심리학으로부터 수업에 바로 활용할 수 있는 교수가 법이나 계획 등을 도출해 낼 수 없는 것과 마찬가지로 과학을 교육현장에 효과적으로 활용하기 위해서는 그 중간에 창조적인 심적 과정이 필요하기 때문이다.

태도변화 중심인 사회교육에서도 같은 현상이나 사회교육의 중요한 내용인 기술교육과 같은 교육에서는 교실수업이 더욱 중요한 방법이 되기때문에 교수법의 중요성은 그만큼 더 커지는 것이다. 특히 성인을 주요 대상으로 하는 사회교육은 공식적인 교실수업을 싫어하고, 그들의 선행경험과 준비도의 차이 때문에 공식적 교실수업이 비효과적 이라고 하면서도 직업 · 기술교육에서는 이와같은 공식적인 수업이 필요함을 인정하고 있다.

공식적인 수업형태의 사회교육 프로그램 전개과정에서는 다음과 같은 기본원리를 바탕으로 전개되면 효과적으로 학습목표를 달성할 수 있다. 첫째, 물리적 환경보다 인적환경에 깊은 배려가 요구된다. 둘째, 자율적이며 인격적으로 관리해 나가야 한다. 셋째, 실질문제에 강조를 둔다. 넷째, 학습자의 교육참여 확대와 분임토의 중심의 상호교육을 중시해야 한다. 다섯째, 교육매체를 적절하게 활용해야 한다.

(1) 학습지도방법의 원리

사회교육은 교양교육, 기술교육, 직업교육 등과 같이 그 내용 및 대상에 따라 매우 다양하게 전개되어야 하기 때문에 학습지도 방법은 일정하게 제시하기 어렵다.

그러므로 사회교육의 특성에 따라 그에 적합한 교육방법을 전개하게 되는데 일반적으로 다음과 같은 내용을 고려하여 전개하는 것이 바람직하다.

① 학습목표에 제시된 행동특성을 성취할 수 있는 조건이나 상황에서 가장 가깝게 접근할 수 있는 방법을 선정한다. 예를 들면, 학습목표가 기능공이 두 금속을 보고 그 차이를 식별해 내는 것이라면 두 금속을 실제로 제공해 주는 것이 가장 효과적일 것이다.

즉, 실제의 견본이 그림보다 나을것이고, 그림을 보여주는 경우에는 견본과 비슷한 색깔있는 그림을 보여주는 것이 더욱 효과적일 것이다.

② 작업현장에서 필요로하는 행동유형에 가장 가깝게 접근할 수 있는 방법으로 학습자들이 행동할 수 있는 방법을 선정한다. 시각적 암시나 자극에 대한 반응으로 학습자가 뭔가 이야기할 수 있는 능력이 기대된다면 학습자가 실제로 이야기할 수 있는 기회를 제공하고 반복, 연습할 수 있는 방법을 선정해야 한다.

만약 청각적 자극에 대한 반응으로 학습자가 무엇인가를 고칠 수 있어야 한다면, 실제로 청각적 자극을 주고 그 상황하에서 고쳐보는 연습을 할 수 있는 방법을 선정한다.

③ 단위시간 내에 가능한 많은 반응을 경험할 수 있도록 지도할 수 있는 방법을 선정한다. 예를들면 용접공은 용접에 쓰이는 화염도구가 작업시 어느 때가 가장 적당하게 조절된 상

태인가를 알 수 있는 학습을 경험하여야 한다. 이때에 적당하게 조절된 상태인가를 알 수 있는 학습을 경험하여야 한다. 이때에 적절한 화염상태와 부적절한 화염상태를 구별할 수 있는 단서를 제공할 수 있는 사진, 블라인드 혹은 필름 등을 이용하면 더욱 효과적이다.

④ 학습자의 직업적, 비직업적 욕구를 조화롭게 해야한다. 이것은 아무리 기술습득이 중심과제라 하더라도 새로운 상황에 대하여 보다 종합적으로 대처 할 수 있도록 비직업적 욕구도 직업적 욕구와 동시에 관련을 지으면서 조화를 이루어 충족시켜야함을 의미하는 것이다. 즉 기술자체의 욕구를 학습자의 욕구범주에서 제외하는 편협성을 가져서는 안된다는 것이다.

⑤ 개인차를 고려하여 개인 소집단지도를 병행한다. 이것은 어느 경우에서나 교실수업만으로 개개인의 교육욕구를 모두 달성하기는 어렵다는 것을 나타낸다. 따라서 교실수업과 같은 집단지도와 함께 개인내지 소집단지도 등의 방법을 적절히 활용해야 한다.

⑥ 비공식 교육방법이 보충되어야 한다. 비공식 교육의 강조는 공식교육의 한계와 관련된다. 성인학습자들은 대개의 경우 선행경험과 준비도 면에서 차이가 있기 때문에 이와같은 개인차이가 충분히 고려되지 않은 전통적인 교실수업은 선호되지도 않고 또한 효과도 적다. 따라서 학습자들 간에 소집단을 구성하여 공통의 문제를 논의하는 토의와 같은 방법이 보다 흥미를 느낄 수 있으며 생산적 이기도 하다.

⑦ 자율적 학습을 강조한다. 자율학습의 강조는 앞의 비공식 교육강조의 원리와 관련된다. 즉, 사회교육은 학습자의 욕구를 충족해야 하고, 욕구충족의 대부분이 문제해결을 의미하여, 문제해결은 실질적 행동을 포함하고, 행위양식의 개선을 포함한 문제해결이 집단적 참여를 통하여 가장 잘 달성된다고 보면 강의, 전시, 과제제시와 같은 교육자 중심의 공식적 교육활동보다는 학습자 자신들이 문제해결 내지 욕구충족을 위해 집단이 가장 효과적으로 일할 수 있도록 상황을 조성하고 지도력을 투입하는 것이 훨씬 효과적이다.

⑧ 행동지향적 교수방법을 적용한다. 행동지향적 교육의 강화는 실천과 생활을 강조하는 의미를 내포하고 있다. 기술이나 관련지식의 단순한 이해에서 나아가 습관의 개선, 삶의 개선을 가져오기 위해서는 배운지식과 기술이 행위양식 내지 습관으로 정착되어야 한다.

⑨ 문제해결적 방법을 중시한다. 문제해결적 방법의 중시는 사회교육의 핵심적 원리라고 할 수 있다. 유능한 사회교육자는 대부분이 부분적으로나 전적으로 문제중심으로 교수하고 있다. 이것은 교과내용을 가르치기 보다는 학습자로 하여금 문제를 해결하도록 유도 및 안내하는 것이다.

⑩ 과학적 방법에 따라 교육목표를 달성한다. 과학적 방법에 의한 교육목표의 달성은 교육을 위한 가용자원의 합리적 개발 및 준비와 관련된다. 즉 학습자의 교육욕구의 대부분은 교재, 과제, 교육요원 등으로 결합된 교육을 통해 거의 충족되어야

함을 의미한다. 여기서의 과학적 방법에는 문제내지 욕구충족 장애의 확인, 자료의 수집, 가설의 구성 및 행위 프로그램을 통한 가설의 결정 등이 포함된다.

3) 교실수업의 원리

전통적인 교실수업은 기술교육과 같은 사회교육에서는 매우 중요한 비중을 접하는 교육방법이다. 여기서는 교실수업의 준비와 전개에 관한 기본원리를 제시하였다.

(1) 교실수업의 준비

교실수업이 교육목적을 보다 효과적으로 달성하기 위해서는 수업준비가 절대적으로 필요하다. 일반적으로 교실수업의 준비에는 주제확인, 문제기술, 구체적인 목표의 설정, 교수의 내용과 절차의 사전계획 및 연습, 요점정리 및 수업전개의 구상들이 포함된다.

① 주제확인

주제확인을 주어진 교과나 교육활동 및 달성하려는 교육목표와의 관련성을 명확히 한다는데 그 뜻이 있다. 교육담당자는 학습자들이 습득해야 할 교육내용의 제목을 적당히 설정함으로써 학습자들로 하여금 수업참여의 매력의 동기가 일어나도록 해야한다.

② 문제의 기술

문제의 기술은 수업을 통하여 해결해야 할 과제의 성격, 즉 왜, 무엇, 어느것, 어디서 얼마의 양, 어떤방법 등이 포함되는

데 여기에는 당위성을 나태는 개념이 강하게 나타난다.

③ 구체적 목표의 설정

구체적 목표의 설정은 교육적으로 의미있는 수업목표를 정하는 것을 말한다. 여기서 학습자들의 다양한 욕구가 다양한 형태로 수업과제와 관련되어 있기 때문에 구체적 목표의 설정이 용이하지 않다. 예를들어 그들의 욕구중에는 사회적, 종교적 욕구와 건강, 가정생활을 포함한 직업적, 비직업적 욕구가 포함되어 있으며 교육목표 분류면에서 보면 욕구는 이상, 태도, 이해, 흥미, 능력 등과 관련되어 있다. 그러므로 교육자는 덜 중요한 과제의 논의로 중요한 내용을 소홀히 해서는 안된다.

④ 교수의 내용과 절차의 사전계획 및 연습

교육자는 그가 활용하려는 절차를 구상하고 수업에서 기대하는 학습내용을 예상하며 수업이 성공적으로 진행되도록 하기위해 필요한 방안 등을 검토하여야 한다.

만약 사전계획이 효과적으로 이루어진다면 그 시간에 포함시켜야 할 교과영역과 그것이 중요한 이유 및 기대되는 효과는 물론 학습자들이 그 교과를 이해하고 필요한 능력을 개발시키며 실제에 적용하는데 따르는 어려움 등을 알게 된다.

⑤ 요점정리

요점정리란 수업에 포함될 주요 내용들을 체계적으로 요약해 두는것을 말한다. 실제의 수업에서는 가능한 한 교육내용을 메모형태로 준비하여 전개하는 것이 보다 신빙성이 있어 효과적이다.

⑥ 수업전개의 구성

수업전개의 구상은 교과항목을 중심으로 수행하는 교수준비로서 교과항목의 성격과 개요를 분명히 하고 수업의 목표와 관련문제를 논리적 순서에 따라 그 요소들을 분류하여 이용 가능한 참고자료를 점검하고 추가로 필요시되는 자료를 결정하는 과정이다.

(2) 교실수업의 전개

사회교육에서의 교실수업은 일반적으로 학습자에의 접근, 학습자와의 만남, 교과의 소개 및 강조, 교과의 분류 및 해답의 결정 등의 과정을 통하여 이루어진다.

① 학습자에의 접근

학습자에의 접근은 교육담당자로서 학습자들로 하여금 학습동기가 일어나도록 교육적 상황을 만드는 것을 의미한다. 훌륭한 교육자는 수업에 대하여 면밀한 계획을 짜는데 낯익은 학습 진단일 경우에는 바로 도입에 들어가게 될 것이며, 낯선 집단이면 첫 수업전에 학습자의 일부 혹은 전부와 일단 친숙해지도록 하는것이 중요하다. 학습자와 교육자간의 관계에 영향을 줄 수 있는 실제적, 혹은 예상되는 장벽을 허무는 데는 수업전 학습자와 친숙해 지는 것이 중요하다. 학습자와 교육자간의 관계에 영향을 줄 수 있는 실제적, 혹은 예상되는 장벽을 허무는 데는 수업전 학습자와 친숙해 지는 것이 바람직 하다.

② 학습자와의 만남

학습자에의 접근 다음에는 학습자와의 만남이 구체적으로

일어난다. 훌륭한 사회교육자가 되기 위해서는 학습자와의 만남에서 다음과 같은 사항을 고려해야한다. 즉, 수업을 면밀히 계획한다. 정시에 시작한다. 최선을 다해서 사전 계획대로 교과를 전개한다. 교수(teaching)를 평가할 수 있는 증거를 확보한 다음 다른 과제로 연결한다. 정시에 수업을 끝낸다. 휴식을 취하면서 학습자들과 친화를 도모한다.

③ 교과의 소개 및 강조

교과의 소개 및 강조는 한마디로 말해서 개개 학습자들이 그 교과의 중요성을 인식할 수 있도록 교과가 지향하는 과제를 그들의 학습욕구와 관련짓는 것을 말한다. 수업은 문제해결의 과정이다. 따라서, 수업담당자는 먼저 학습자들이 왜 이 문제를 실제로 해결해야 한다. 그러나 학습자들이 그 문제의 인식과 그의 해결을 위한 명백한 욕구(felt needs)을 갖고 있는 경우에는, 문제의 필요성을 위해 많은 시간을 할애할 필요는 없는 것이다. 그러니 이와 반대의 경우에는, 문제의 인식을 위해 실제 그 문제의 해결을 위해서 보다 더 많은시간이 소요될 수도 있다.

④ 교과의 분류

교과의 분류는 교수법의 본론에 해당한다. 교수란, 체계적인 수업의 중요성과 실제적인 사상들의 논리적인 전개를 의미한다. 따라서 학습자들은 학습할 내용과 바람직한 결과를 얻는데 필요한 사항을 이해해야한다.

보통교육에서의 과목(subject)이란 문제나 주제를 의미한다. 그러나 문제의 분류는 학습자의 욕구충족과 직접 관련되는 보다 작은 문제로의 세분화를 의미하고, 주제의 분류는 학습자의 개인적 욕구와는 관계없이 자료수준 에서만의 요소로 분화함을 의미한다.

⑤ 해결방안의 결정

해결방안 내지 해답의 결정은 사고와 관련된다. 따라서 교수에서 문제해결과 사고는 개인이 그의 인지된 욕구를 해결하는 내용과 양의 상호작용이라고 할 수 있다. 그러므로 학습자는 문제의 인식과 해결을 위해 가능성있는 해답을 찾게되는데 이때 그는 어떤 현명한 결정에 도달할 수도 있는 것이다. 그리하여 그는 가장 적절한 해결방안만 발굴하면 문제해결의 과정이 보다 효과적이며 시간이 절약된다는 사실을 터득하게 된다. 따라서 사회교육자는 문제에 대한 바람직한 해답을 학습자들이 선택할 수 있도록 지혜롭게 유도해야만 한다.

3. 사회교육 방법의 평가과정

1) 평가의 의의와 목적

사회교육 프로그램을 전개하면서 평가활동이 계속적으로 일어나야 한다. 평가는 어떤 대상의 가치를 결정하는 과정이라고 보고 있다. 그러한 가치는 사회교육과정에서도 적용될 수 있다. 사회교육수행에 대한 평가는 피교육자의 교양, 기술 및 정보 등을 향상시키기 위하여 처음에 설정된 목표가 어느정도 달성되고 있는가를 파악하는 과정이다. 즉, 평가란 당위적인 목표와 현실적인 성과간의 차이를 발견하는 과정이라고 볼 수 있다. 사회교육에서의 당위적인 목표는 사회교육계획에 의해서 결정되고 현실적인 성과는 사회교육계획의 수행에 의하여 결정된다. 따라서 사회교육의 수행에 대한 평가과정은 사회교육의 계획과 수행을 비교하는 과정이라고도 할 수 있다. 따라서 목표는 기준치가 되고 성과는 그 기준치와 대비된 실제치가 된다. 사회교육은 한번의 사업으로 완성되는 것이 아니기 때문에 주민욕구의 무한성과 함께 지속적으로 추진되어야 할 성질의 활동이므로 평가과정은 다음의 사회교육을 위해서도 필요하다.

첫째, 평가는 현재의 실정을 파악하는데 도움을 준다.
둘째, 평가는 계획이 얼마나 추진되고 있는가를 보여준다.
셋째, 평가는 사업을 올바른 방향으로 추진해 나가고 있는지를 보여준다.
넷째, 평가는 교육의 효율성을 나타내 준다.
다섯째, 평가는 어떤계획의 장 · 단점을 파악하는데 도움을 준다.
여섯째, 평가는 피교육자와 함께 활동해 나갈 수 있는 기술을 개선하게 해준다.
일곱째, 평가는 사회교육계획에 있어서 활동의 우선순위를 결정하는데 도움을 준다.

이러한 평가과정은 사회교육의 3개과정 즉 계획, 수행 및 평가에서 최종단계를 의미하고 있지만 이러한 세가지 과정은 반복적으로 계속되는 것이기 때문에 평가과정은 최종단계를 의미함과 동시에 다른 사회교육의 최초단계를 의미하기도 한다.

이러한 중요성을 지니고있는 평가과정은 다음과 같은 목적을 지니고 있다.

- □ 다음 사회교육 프로그램에 관한 결정을 내리기 위함이다.
- □ 사회교육 프로그램의 계속성, 확장성, 자력증에 관한 결정에 공헌하기 위함이다.
- □ 사회교육 프로그램 수정에 관한 결정에 이바지하기 위함이다.
- □ 사회교육 프로그램에 대한 지원을 위한 증거를 얻기 위함이다.
- □ 사회교육 프로그램을 반대한 증거를 얻기 위함이다. 이와 같이 사회교육 프로그램에 대한 평가과정은 사회교육과정에서 매우 중요한 위치를 차지하고 있다. 그러므로 사회교육 전개과정에는 꼭 평가과정이 삽입되도록 해야 한다.

2) 평가의 종류

사회교육의 평가종류에는 그 평가기준에 따라 여러가지 행태를 분류해 볼 수 있다. 즉 사회교육의 평가시기에 따른 분류, 평가주체에 따른 분류 및 평가대상에 따른 분류로 나누어 볼 수 있다.

(1) 평가시기에 따른 분류

평가시기에 의한 평가방법은 사회교육에서 많이 이용되는 평가방법인데 여기에는 시기에 따라 기초평가, 중간평가, 최종평가 등으로 구분하여 분석해 볼 수 있다. 기초평가는 사회교육을 시작하기 전에 피교육자의 교육욕구를 조사하여 합리적인 프로그램의 수립과 수행의 기본자료를 수집 및 검토하는 것이다. 사회교육을 위한 피교육자의 욕구조사가 광의의 기초

평가과정이라고 볼 수 있다.

중간평가는 사회교육의 전개도중에 교육이 계획대로 잘 추진되고 있는지와 교육방향은 올바른가 등을 확인하고 남은 교육을 보다 효과적으로 추진하는데 필요한 평가자료를 얻는데 그 목적이 있다. 최종평가는 사회교육이 끝난 후 교육목적의 달성정도, 주민의 욕구충족도와 사회교육 전개상의 장 · 단점, 교육내용별 성공 및 실패요인 등을 분석하여 다음사업의 계획수립에 참고하려는 평가이다.

(2) 평가주체에 따른 분류

평가내용에는 평가하고자 하는 구체적 사항이 포함된다. 즉 사회교육을 체계적으로 수행해 나갈 때 관련된 각종계획 내용이 평가과정에서 그 달성 정도가 파악되게 된다. 예를들면 피교육자의 기술수준변화 정도를 측정하기 위한 구체적인 평가도구가 이용되어야 한다. 구체적인 평가방법에 이용되는 도구로서는 필기검사법, 관찰기록법, 사회측정법 및 추인법, 면접법 등이 있다.

① 필기검사법

필기검사법에는 선택형과 서답형이 있는데, 선택형에는 선다형, 진위형(OX형), 배합형 등이 있다. 이것은 평가대상의 수가 많아도 짧은시간에 평가하여 채점자에 관계없이 채점결과가 동일하게 나오는 객관성을 보장할 수 있고 결과의 수량화가 쉽다. 서답형에는 단답형, 완결형, 논문형등이 포함된다. 이것은 수험자의 반응을 비교적 자유롭게 표현할 수 있으나 채점의 객관성 보장이 어렵고 시간과 노력이 많이든다.

② 관찰기록법

관찰기록법이란 개인 또는 집단의 행동을 어떤 관점에서 관찰하여 기록해서 평가하는 방법이다. 이 방법은 평가자의 선입관이나 단순한 인상에 좌우될 염려가 있다.

③ 사회측정법과 추인법

이것은 집단에서의 대인 상호간의 관계나 사회적 적응의 정도 또는 개인의 사회성 평가에 적절한 방법이다. J.R.Moreno에 의해 개발된 사회측정법은 집단내 성원들 상호간의 반응을 끌어내어 집단의 성격, 구조, 역동성이나 개인이 집단활동과정에서 타인과 어떤 관계를 맺고 있는가를 알아보려는 것이다.

추인법은 성원의 상호평가에 의해서 개인의 성격이나 특성을 알 수 있고 교우관계, 통솔, 복종관계, 존경, 혐오관계 등의 구조를 분명히 할 수 있다.

④ 면접법

이 방법은 학습자를 직접만나 구두로 질문하여 그 대답이나 반응, 태도 등을 보아 그의 능력이나 사회성, 정의적 적응에 관한 정보를 얻어 평가한다. 이 방법은 신뢰롭지 못하고 비경제적 이라는 단점이 있지만 특별한 문제를 가진자를 다루는데에는 적절한 방법이다.

(3)평가도구의 제작

사회교육의 평가에 필요한 평가방법이 결정되면 이러한 방법을 전개할 도구가 만들어져야 한다. 즉 평가내용이 결정되어 이를 평가할 수 있는 평가방법이 결정되고 나면 실제로 평가활동에 필요한 평가도구가 요구된다. 평가도구는 타당도(validity),

신뢰도(reliability), 객관도(objectivity) 및 실용도(utility)가 있어야 한다. 타당도란, 한마디로 평가하고자 하는 내용을 측정해 낼 수 있도록, 평가도구가 얼마나 잘 구성되어 있는가를 의미한다. 즉 타당도란 평가의 도구가 측정할 것을 제대로 측정할 수 있는 정도를 의미한다고 볼 수 있다. 이것은 평가도구를 작성하여 관련 전문가에게 검토하게 함으로써 그 내용의 타당도가 높아 질 것이다.

신뢰도란, 주어진 평가도구를 다른 사람이 똑같은 방법으로 되풀이 했을 때 다른 사람도 같은 결론을 내릴 수 있는 정도를 의미한다. 즉, 똑같은 평가도구를 똑같은 방법으로 다시 수행했을 때 그 결과가 차이가 많으면 평가도구는 신뢰도가 낮다고 할 수 있다. 평가도구에 대한 신뢰도를 측정하는 방법에는 여러가지가 있으나 대표적인 방법으로 재검사법(re-test)이 있다. 이것은 측정한 방법으로 다시 그 대상에 대하여 측정해 봄으로써 그 일치성을 또는 차이점이 나타나게 되는데 일치성이 클수록 평가도구의 신뢰도가 높다고 볼 수 있다.

객관도란, 평가도구의 적절성에 대하여 다른 사람들도 같은 입장으로 보는 정도를 의미 한다. 즉 일정한 내용을 측정하기 위하여 평가도구를 작성하였을 때 그 평가도구에 대한 가치판단이 일치하는 정도가 크면 객관도가 높다고 볼 수 있다. 객관도와 타당도는 매우 유사한데 타당도는 밝히고자 하는 내용파악의 정도에 대한 의미이고 객관도란, 평가도구에 대한 일치성의 정도를 의미한다고 볼 수 있다.

실용도란, 실제로 이용할 수 있는 정도를 의미한다. 평가도구가 타당도, 신뢰도 및 객관도가 높아도 실제로 활용하기가 어렵고 복잡하다면 아무 소용이 없을 것이다. 즉, 평가도구를 제작할 때 평가자가 다루기쉽고 평가 대상자가 대답하기 쉽게 해야할 것이며, 평가문항이 막연하거나 대답하기에 애매하면 곤란하다. 그러므로 평가문항은 이해하기 쉽게 작성되어야 할 것이다.

(4) 평가의 실시

평가도가 만들어지고 나면 평가를 실제로 수행해야 하는데 평가실시 방법에는 이미 평가방법에서 제시된 방법과 같은방법으로 전개하면 된다. 평가를 실시할 때에는 평가대상이 되는 기관 또는 피교육자가 평가실시에 관심을 갖도록 해야만 효과적인 평가를 실시할 수 있다. 만일 이들의 협조가 부족하게 되면 아무리 잘 만들어진 평가도구라 할지라도 평가하고자 하는 내용을 제대로 밝혀내지 못하게 될 것이다.

(5) 평가자료의 처리분석 및 해석

평가를 실시하여 수집된 자료는 일정한 기준에 따라 처리되어 분석하게 되는데 이러한 과정에는 다음과 같은 절차가 요구된다.

첫째, 자료의 편집 : 수집된 평가자료를 검토 하면서 보충 할 점이나 잘못된 점을 점검, 보완 및 수정하는 과정.

둘째, 부호 붙이기 : 평가의 내용을 일정한 범주로 나누어 번호를 붙이거나 일정한 점수를 주어 자료전체를 계량화하는 과정.

셋째, 통계분석 : 평가자료에 대한 계량화가 되고나면 각 집단의 특성을 비교분석 할 수 있도록 통계처리를 하게 된다. 통계분석 방법에는 빈도, 백분비, 평균, 유의성

검증등 다양한 방법이 도입될 수 있는데 평가도구의 항목 특성에 따라 적용방법이 각각 다르다.

넷째, 평가결과의 활용 : 평가가 통계적으로 이루어지고 나면 그 평가내용을 다음의 사회교육계획 수립에 활용해야 한다. 즉 사회교육은 반복적이면서 연속성의 특성을 지니고 있기때문에 계획, 수행, 평가과정은 계속적으로 이루어진다. 그러므로 하나의 사회교육에 대한 평가가 최종적으로 이루어지고 나면 그 결과를 다른 사회교육 전개과정에 적절히 활용할 수 있어야 하며 아울러 그러한 내용은 다른 사회교육 전개과정에도 이용될 수 있도록 해야 한다. 따라서 지금까지 수행되었던 사회교육방법을 반성하면서 이를 바탕으로 한 좀 더 바람직한 사회교육 프로그램이 만들어 질 수 있게끔 잘 이용되어야 한다.

제7장 사회교육방법의 제 형태

1. 개인중심 사회교육방법

1) 개인중심 사회교육방법의 특성

개인중심 사회교육방법은 교수가 아닌 학습위주의 개인중심 학습방법 이므로 페다고지(pedagody)와는 달리 학습계획의 설계와 학습활동 및 평가에 이르기까지 학습자의 주도적 특성에 의존한다.

학습계획의 설계에 있어서도 학습자 자신의 학습준비도에 따른 학습내용의 선택과 학습프로젝트(learning project)에 의존한다. 그러므로 안드로고지(andragogy)방법론은 대개 개인중심 학습 프로젝트, 질문 또는 의문중심의 탐구프로젝트(inquiry project), 독립적인 연구(independent study), 그리고 경험적인 기법 등이 주가되는 개별학습 방법이라 할 수 있다.

또한 학습성과나 결과의 평가에 있어서도 자기주도적인 성숙된 여가를 위주로 하고 있다. 그러므로 프로그램이나 학습의 주제에 따라서는 학습경험 위주의 방법론이 선택되기도 한다.

2) 개인중심 사회교육방법의 유형

개인중심 사회교육은 일반적으로 학습보조자의 도움을 받는 형태, 완전히 독자적인 학습형태, 교육자료중심 학습형태등으로 구분할 수 있다.

(1) 학습보조자의 도움을 받는 형태

① 도제제도: 주로 기술습득과 관련된 영역으로서 경험있는 숙련자로부터 개별적 습득을 하는 형태.

② 통신교육: 교수자(instructor)와의 통신을 통한 개별 학습방법.

③ 카운슬링: 성인상담자의 도움을 받는 개인사회교육 방법으로 주로 개인의 심리적 문제해결에 도움을 받는 유형이다.

④ 직접개별학습: 일정한 교수에 의존하여 수시로 직접교수 학습하는 형태이다.

⑤ 감독 및 장학: 감독자의 지도나 장학에 의존하는 개인중심의 사회교육의 형태로서 계속적인 자기발전을 위한 감독훈련 형태이다.

⑥ 개인지도 및 코치: 교육자와의 일대 일로서의 학습형태이다.

(2) 완전히 독자적인 학습형태

□ CAE

자기주도적인 학습의 대표적 형태로서 컴퓨터 보조학습이다. 이 개인중심 학습방법은 프로그램화된 컴퓨터와 상호작용을 통해 학습하는 형태이다.

□ 현장경험

조직적이고 계획적인 현장 경험중심의 개인학습 형태이다.

□ 독립적인 독서 연구

학습자 주도의 체계적인 독서와 연구형태이다.

(3)교육자료 중심 학습형태

① 개인학습 프로젝트: 특수영역의 학습을 달성하기 위한 교육자원 활용 등을 포함한 학습자 주도적인 형태이다.

② 관찰, 모방: 모방 및 관찰중심의 학습형태로서 견학도 포함한다.

③ 다중미디어 학습(multimedia learning package): 개인중심의 사회교육 방법으로서 인쇄자료, 진단적 도구, 시청각 자료, 마이크로 필름, 실습을 위한 책, 그리고 평가도구 등을 활용하는 복합된 학습형태 이다.

④ CBT: 컴퓨터를 활용한 개인중심 사회교육 형태로서 주로 기술과 실습중심의 컴퓨터 중심 훈련이다.

3) 개인중심 사회교육의 진단

(1) 교육욕구의 진단

교육욕구의 진단을 위해서는 우선 바람직한 행동이나 요구되는 이해 또는 능력을 개발하기 위한 중심모델을 설정한 후 자기 진단적 평가에 의한 교육욕구를 진단해야 한다.

그 진단의 내용은 대체로 학습내용, 학습기간, 학습활동, 학습평가와 요구되는 기법 또는 이해수준의 영역에 이르기까지 포괄적인 진단이 포함된다.

(2) 교육목표의 설정(개인 학습목표)

목표설정과 관련된 내용에는 내용관련요소, 주제, 개념동의 성취수준을 설정하고 이를 조직하고 계획을 수립하는 것이다. 이때 개인중심의 사회교육방법을 활용한다는 점을 고려해야 하기 때문에 자기개발을 위한 자기결정적 방향에 의해야 한다.

개인중심의 사회교육 프로그램을 위한 목표설정에서 유의해야 될 요인은 다음과 같다.

① 개인중심의 교육의도를 기술하는 내용

② 개인중심의 성취와 이러한 청취의 인지와 관련된 내용

③ 학습자의 최종행위에 관련된 내용

④ 각 목표를 위한 별개의 목표 설정 등이다.

제시된 목표설정을 위한 체크리스트를 활용하여 개인중심의 학습활동을 위한 학습목표를 기술하고 각 목표에 따른 목표 체크리스트를 작성하여야 한다.

(3) 교육경험의 형태설계(방법론과 내용)

일반적으로 학습경험을 조직하기 위해서는 세가지 안을 고려해야 한다. 즉, 지속성(continuity), 절차성(sequence), 및 통합성(integration)을 고려해야 한다.

지속성은 주된 커리큐럼 요소의 시간의 경과에 따른 수직적인 반복(reiteration)을 의미하며 절차성이란, 각 개개인의 지속적인 학습경험의 처리를 의미한다. 그리고 통합은 각 커리큐럼 요소간의 수평적인 연계성을 뜻한다. 이러한 교육경험의 내용설계에 있어서의 유의점은 주제의 논리적 조직에 적용되는 것이 아니라 학습자의 심리적 조직에 적용된다는 점이다.

(4) 학습결과의 평가 및 개인학습 요구의 재진단

교육경험의 형태가 설계되고 나면 즉 개인학습 계획이 이루어지고 나면 이에따라 개인학습이 일어나게 된다. 이러한 학습은 학습설계에 따라 계획대로 전개되는데 그러한 과정이 끝나면 그 학습에 대한 평가를 해야하며 이러한 평가를 바탕으로 다음 개인학습을 위한 욕구를 다시 진단해야 한다.

개인학습 결과를 평가하고 개인학습 욕구를 진단하기 위해서는 대개 목표, 설계, 과정 및 결과등의 영역에 따라 검증하게 된다.

개인중심 사회교육방법에서는 모든학습이 자기주도적으로 이루어지므로 평가또한 자기주도적 평가를 하게 된다. 대게 평가는 형성평가와 종합평가를 하게되는데 학습경험내용과 주제에따라 표준화된 개인중심 사회교육 프로그램의 평가자료를 활용하거나 평가기관에 의존하는 경향이 있다.

2. 강의식 사회교육방법

1) 강의식 사회교육방법의 의의

강의식 사회교육방법은 설명에 의한 교수방법을 말한다. 즉 문제형식으로 제시된 사항 또는 관념을 피교육자에게 이해시키기 위하여 해설의 방식으로 실시하는 교수기술의 한 가지 방법이다.

강의식 사회교육방법이 전개되는 이유로는 관련된 서적이 없거나 적어서 교육자만이 책을 가지고있기 때문에 강의 이외의 다른 교유육방법도 일이 어려울 때 많이 이용되고 있으며 특히 교육대상자가 많을 때 토론식 방법도입이 어려울 때 이러한 강의식 방법이 많이 이용된다.

그리고 시간적 또는 공간적으로 다른 교육방법보다 학습효과를 더 향상시킬 수 있을 때 많이쓰이는 보편적인 학습방법의 하나이다.

2) 강의식 사회교육방법의 특성

교육자는 피교육자로 하여금 학습목적과 소기의 교육성과를 성취하도록 하기위하여 강의식 교육방법을 일반적으로 많이 사용하고 있다.

현대의 교육 특히 사회교육에서는 강의식 교육방법을 탈피하고 피교육자 중심의 교육방법으로 전환되는 경향이 있으나 아직도 강의식방법이 많이 사용되고 있다.

강의는 근본적으로 피교육자에게 새로운 과목내용을 소개하기 위하여 이용되고 있다. 그리고 간단한 내용과 이론의 요점을 설명하는 데에는 강의식방법이 많은 장점을 지니고있다. 그러므로 강의식 방법도 많은 가치를 지니고 있다고 볼 수 있다. 따라서 교육자는 이러한 방법의 장점을 최대한 이용하고 교육효과를 증진시키도록 해야 할 것이다. 그러나 사회교육에서는 강의식 방법보다 토론식 중심의 사회교육방법을 더욱 선호하는 경향이 있기 때문에 여기서 강의식방법의 장, 단점을 제시해 보기로 하겠다.

3) 강의식 사회교육 방법의 장, 단점

(1) 강의식방법의 장점

① 강의식에서는 교육자가 비교적 단시간 내에 여러가지 구성을 제시할 수 있다. 강의식 방법은 교육자료를 피교육자에게 제시하는데 필요한 시간을 기준으로 할 때 여러가지 교육방법 중 가장 경제적인 방법이다.

② 강의식은 논제를 소개하는게 적합하다. 강의식에서는 교육자가 서로 상이한 경험과 배경을 가진 피교육자에게 원리와 제사실에 관한 공통적 이해를 증진시킬 수 있다.

③ 강의식은 대집단을 교육하는데 유익하고 편리한 방법이다.

④ 강의식은 다른 교육방법으로 얻기 곤란한 정보를 제공하기 위하여 사용될 수 있다. 피교육자가 사용하는 교과서나 참고서에 기재되어 있지않은 사실의 전달이나 이해하기 곤란한 사항을 설명하거나 동기부여가 필요한 것에

유효하다.

⑤ 강의식은 일어났던 사실이나 여러가지 생활상태 등을 생생하게 재현 시키는데 적당한 방법이며 이를위한 보조자료를 제시할 경우에 유효한 방법이다.

⑥ 강의식은 교과서내의 소재에 대한 취급방법의 결합을 명백히 하여 이것을 재조직하고 수정 보완하는데 좋은 역할을 한다.

(2) 강의식 방법의 단점

① 강의식은 피교육자의 참여도가 떨어져 교육자로 하여금 모든일을 처리하도록 한다.

② 강의식은 교육자가 피교육자에게 시험을 부과하기 전에는 학습 성취도를 측정하기가 매우 어렵다.

③ 교육자가 강의를 하는 모든 시간동안 피교육자의 주의를 집중 시키기가 곤란하다.

④ 문재해결에 대한 능력을 연마할 기회를 부여하지 못하게 된다.

⑤ 강의식은 교육자가 위주로 되는 관계로 피교육자가 강의내용을 분석하지 못하므로 그 중점요약을 파악하지 못하는 점이 있다.

⑥강의식은 극단적인 경우에 계속적인 받아쓰기 연습에 그

칠 수 있다.

⑦ 강의식은 개인차를 기초로 한 학습지도가 곤란하며 교과서의 설명에만 치중되어 폭넓은 학습기회가 적어진다.

⑧ 피교육자의 교육욕구와 너무 거리가 먼 교육으로 치중될 염려가 있다.

4) 강의식 사회교육 방법의 형태

(1) 낭독식 강의

낭독식 강의는 사전에 준비된 교육내용을 그대로 낭독해 가는 교육방법을 의미한다. 이러한 교육방법을 선택하는 이유로는 전달할 내용이 매우 중요하다든가 설명식으로 전달할 경우 피교육자에게 잘못 전달될 오류가 있을때 사용하게 되는데 이 방법은 장점보다 많은 단점을 지니고 있다. 즉, 낭독식 강의 매우 무미건조하여 피교육자의 교육참여 욕구를 유발시키기가 매우 어렵기 때문에 교육적 효과를 나타내기보다 내용전달 자체로서 끝나버리게 되는경우가 많다.

(2) 암기식 강의

암기식 강의는 교육자가 교육내용에 대하여 미리 암기해 놓고 그대로 피교육자에게 전달하는 교육방법으로 낭독식과 매우 비슷하나 낭독식은 현장에서 교육내용을 읽어가는 형식이지만 암기식은 암기된 내용을 구두로 전달하는 교육형태로서 역시 많은 단점을 지니고 있는 교육방법 이다. 즉 암기식은 피교육자의 반응을 파악하기가 매우 어렵기 때문에 피교육자의 교육내용에 대한 이해정도를 알아내기가 어렵다. 따라서 암기식은 교육자의 교육행위로 끝나버리게 되는 경우가 많다.

(3) 요점식 강의

요점 강의식은 강의해야 할 내용에 대한 골격을 피교육자에게 설명해 주고 이에 관련된 자세한 내용을 추가적으로 설명해 주는 방법으로써 매우 효과적인 강의식 방법이다. 즉, 그 시간에 알아야 내용의 대강을 이해시킨 다음 아직 덜 이해된 피교육자를 위해서 그 요점에 대한 설명을 보충해 줌으로써 교육내용을 보다 효과적으로 전달해 줄 수 있게 된다.

(4) 즉흥식 강의

즉흥식 강의는 교육자가 교육내용을 미리 준비하지 않고 갑작스런 요청에 의해 피교육자의 관심사항에 대해 강의하는 방법으로서 이것은 교육자의 많은 지적수준을 요구하게 된다. 즉 교육자가 그 분야에 대하여 많은 전문지식을 알고 있어야 하기때문에 보통 이러한 강의는 잘 이루어지지 않고있다. 왜냐하면 교육자가 그 분야에 대하여 전문지식을 갖추고 있다고 하더라도 사전에 준비를 하지않으면 그 지식을 체계적으로 전달하기가 매우 어려우며 또한 피교육자의 교육수용 태도파악도 되지않은 상태에 있기 때문에 교육자와 피교육자와의 관계는 상식적 내용의 전달수준에 머물러야되는 경우가 많다.

5) 강의식 사회교육방법의 단계

(1)강의목적 설정

강의는 교육자가 일정한 교육내용을 피교육자에게 전달해 줌으로써 피교육자의 지적수준을 향상시키는데 있으므로 우선 피교육자에게 어떤 교육내용을 전달해야 하는가를 결정해야 한다. 즉 일정한 강의목적을 설정하게 되면 이에 관련된 교육내용을 체계있게 조직하게 된다.

이러한 강의목적을 설정하는데 생각해야 할점은 교육자의 능력범위 안에서 소화할 수 있어야하며, 일정한 시간내에 전달가능 해야한다.

특히 피교육자의 수용정도를 고려해야 한다.

(2) 자료수집

강의목적이 설정되고 나면 이러한 강의목적을 달성하는데 필요한 강의자료를 수집해야 한다. 강의자료는 강의가 원만하게 이루어지도록 하는 중요한 수단이 되기때문에 가능한 많은 자료가 수집되어 교육효과를 증대시키도록 해야 한다. 특히 강의자료는 각종 시청각교재도 등장되어야 하는 경우가 많기 때문에 강의내용에 따라서 자료준비는 매우 다양하다고 볼 수 있다.

만약 강의자료가 불충분하게 되면 피교육자가 교육내용을 이해하고 수용하는데 매우 어려움이 따르기때문에 비효율적 강의가 되기쉽다.

또한 강의시간도 매우 지겹게 여겨지기 때문에 다음에의 강의에도 매우 부정적 영향을 미치게 될 것이다.

자료를 선정할 때 유의해야 할 사항을 보면 다음과 같다.

첫째, 수집된 자료가운데 강의내용과의 적합성을 검토해야 한다.

둘째, 강의내용에 적절하고 중요한 것부터 체계적으로 수용해야 한다.

셋째, 자료는 신뢰성, 객관성이 있어야 하며 또한 피교육자의 수용능력에 부합되어야 한다.

넷째, 지나친 흥미본위의 자료수용은 삼가야 한다.

다섯째, 수집된 자료간에는 유기적인 관계가 이루어 질 수 있도록 짜임새있게 조직되어야 한다.

(3) 자료조직 및 강의연습

일정한 자료가 수집되어 필요한 강의내용 구성에 부합한 자료를 주어진 시간에 강의목적을 달성하기 쉽도록 체계적으로 조직해야 한다. 강의조직은 대체로 피교육자가 쉽게 이해할 수 있도록 귀납적 접근법으로 짜여지는 것이 좋다. 즉 상식적이고 경험적 내용으로부터 차츰 체계적이고 본질적 내용으로 접근하여 필요한 교육목적을 달성하여야 한다.

이러한 강의자료 조직은 일정한 강의노트 또는 도안을 만들어 이용하는 것이 바람직하며 이렇게 만들어진 강의내용은 강의하기 전에 미리 실습해 보는것이 보다 효율적으로 강의에 임할 수 있게되며 또한 강의에도 자신감을 갖게된다.

3. 토론식 사회교육방법

1) 심포지움(symposium)

(1) 심포지움의 개념

심포지움은 일정한 공통의 주제 혹은 관련된 주제에 대하여 관계되는 2~5명의 전문가가 그 주제에 대하여 자기의 의견을 청중들에게 발표하는 형태의 일종의 토론식 사회교육방법이다.

즉, 심포지움은 집단토론 방식으로 실제 사회교육방법에서 많이 활용되고 있는 것으로서 동일한 주제 혹은 상호관련되어 있는 몇가지 소주제를 중심으로 소수의 사람들이 공식발표 형태로 각자의 전문적 지식과 의견을 제시하고 토론하는 일종의 공식적 좌담토론 형태를 취한다. 심포지움은 해당분야에 권위있는 2~5명 정도의 전문가로 구성되며 이들은 각각 특정주제에 대하여 3~20분간 공식발표를 하게 된다. 이때 발표자간의 상호토론 또는 의견교환이나 청중들과 발표자간의 의견교환이 이루어지지 않는다. 심포지움은 청중간에 또는 각 발표자간에 상호의견 교류가 허용되지 않는다는 점에서 토론형 학습기법으로 생각하기 어렵다는 지적도 있을 수 있다. 그러나 심포지움 방식은 한 주제에 대하여 다양한 지식, 정보가 체계적, 논리적으로 여러사람에 의해 제시될 수 있다는 점에서 토론형 사회교육방법으로 분류될 수 있다. 그리고 발표자의 발표시간이 짧으므로 과연 그 시간내에 얼마나 심도있는 전문적 논의가 가능할 것이냐 하는 문제도 제기될 수 있으나 이것은 그 분야에 대한 전문가의 경험과 지식으로 주어진 시간에 적절히 자신의 의견을 발표할 수 있을 것으로 판단된다.

(2) 심포지움의 특성

심포지움은 다른 토론식 사회교육방법과 비교할 때 그 특성이 뚜렷하게 나타난다. 즉 심포지움은 다음과 같은 조건일 때에 이용하는 것이 다른 사회교육 방법보다 유리할 것이다.

□ 어떤 일정한분야에 대한 정보 및 지식을 조직적인 방법으로 제시하려 할 때
□ 어떤 논쟁적인 주제에 대하여 권위있는 의견을 요구할 필요가 있을 때
□ 하나의 논쟁적인 주제에 대하여 여러 각도에서 설명할 필요가 있을 때
□ 상호 밀접하게 관련된 주제에 대하여 분명한 구분을 요할 때
□ 일정한 주제에 대하여 많은사람들이 광범위한 지식을 알아야 할 필요성이 있을 때

위와같은 조건이 요구되는 내용에 대한 토론형식에는 심포지움 방법이 많이 이용되고 있으며 오늘날과 같은 다양한 정보를 요구하는 산업사회에서 특히 많이 이용되고 있는 사회교육방법의 하나이다.

(3) 심포지움의 장·단점

① 장점

- 짧은시간 내에 특정 주제에 대하여 체계적인 지식을 청중들에게 전달 할 수 있다.
- 잡단의 규모가 커서 청중들이 토론에 직접 참여하기 어려울 때 효과적으로 이용될 수 있다.
- 관련주제에 대하여 논쟁의 여지가 많은것에 대하여 전문가를 통하여 그 쟁점을 해소시킬 수 있게 된다.

- 관련주제의 상호 관련성을 분명하게 제시할 수 있다.
- 짧은 시간내에 많은 지식을 전달할 수 있다.

② 단점

- 피교육자 즉 청중들의 피동적, 수동적 참여가 이루어지게 된다.
- 일정한 주제 또는 관련된 주제발표로 인해 발표자간에 사전 조정이 없으면 내용상의 중복이 많아진다.
- 내용중복이 많아질 땐 지루한 시간이 된다.
- 일정한 주제에 대하여 발표자간의 의견이 상반될 때 이에대한 판단기준이 흐려진다.
- 판단기준의 흐트러 짐으로 인해 지식체계의 혼돈을 가져올 수 있다.
- 청중들에 의해 발표효과를 측정해 내기 어렵다.
- 관련된 전문가를 여러명 확보하기가 어렵다.

(4) 심포지움 진행

심포지움 진행에 참여하는 사람은 의장(사회자), 발표자, 청중 등이다. 이들은 각자 그들의 역할이 있으며 그 역할에 따라 심포지움이 진행되도록 한다.

① 참여자의 역할

- 의장은 사회를 보고 심포지움을 이끌어 간다. 의장은 발표 주제에 대하여 어느정도 알고 있어야 하며 유머감각과 리더쉽이 있어야 한다. 그리고 발표가 시작되기 전에 발표자와 발표내용 및 발표시간에 대하여 잘 조정해야 한다. 그리고 발표 도중에 주어진 시간의 경과에 대하여 신호를 보냄으로써 주어진 시간 내에 마칠 수 있도록 유

도하는 등의 심포지움 진행상의 전체적 분위기를 진지하게한다.

- 발표자는 자기가 발표해야하는 주제에 대하여 명확히 알고 있어야 하며 주어진 시간 내에 전달할 내용을 가장 효과적으로 전달할 수 있도록 체계적인 내용조직이 요구된다. 그리고 발표자는 의도적으로 다른 발표자를 포함하려 해서는안된다.
- 청중들은 발표될 주제에 대하여 관심있는 사람들로 구성되어 있어야 하며 발표과정에는 발표가 충분히 자기의 의견을 발표할 수 있도록 조용한 분위기를 조성하여야 한다. 특히 전문적인 주제발표에는 너무 많은 청중은 곤란하다.

② 심포지움 진행

- 사회자는 토론에 앞서 발표자들과 사전 모임을 갖고 주제의 선정 및 발표자별 하위주제의 선정 즉 주제의 논리적 하위영역 구성과 발제영역의 분담, 발제순서등 필요한내용을 사전 조정한다.
- 사회자는 개회사에서 토의될 주제의 성격과 선정배경, 중요성 등을 간략하게 설명함으로써 학습자(청중)들의 관심을 제고시키고 또한 각 하위 주제영역의 구성과 하위주제별 단상발표자 등을 소개한다.
- 사회자는 본 주제 및 하위 주제별 발표의 시작과 끝을 알리고 주제에 대한 필요한 내용을 부연 설명한다.
- 단상의 발표자들은 사회자와의 사전 협의시에 발표주제와 하위주제 구성 및 발제순서, 발제시간 등을 협의하

며, 발표시에는 사전에 준비된 발제내용을 중심으로 정해진 시간 내에 주어진 내용 발표를 다해야한다.

- 청중들은 발표가 진행되는 동안에는 발표내용에 최대한의 관심을 기울여야겠으며 발표자의 발표가 끝난 다음에는 경우에 따라서 사회자는 토론분위기를 활성화 시키거나 청중의 이해와 관심을 고조시키기 위해 관련된 내용에 대하여 청중들이 발표자에게 질문을 하여 이에 응답할 수 있는 기회를 가질 수도 있다.

2) 세미나 (seminar)

(1)세미나의 개념

세미나란, 50여명 이하 또는 5~30명 정도의 소수집단원을 참여자로 구성하며 구성원은 대부분 당해 주제분야에 관해 권위있는 전문가나 전문적인 연구관련자로 구성된다.

세미나는 특정의 전문연구사업과 관련하여 전문연구기관의 주도하에 수행되는 경우가 많으며 발표자는 물론 참석자 전원이 당해 분야에 관해 높은 관심을 보유하고 있으므로 공식적 발제내용과 공개적 질의 및 토론이 매우 전문적 이면서도 활발하게 진행된다. 따라서 전문적 식견과 배경이없는 일반청중이나 관찰을위한 참석자들은 세미나 내용을 거의 이해하기 어려우며 동일분야가 아닌 다양한 전공분야 구성원들의 경우에도 세미나 방식으로는 학습효과를 기대하기 어렵다.

세미나는 세미나를 주도해 나갈 주제발표자나 공식발표자의 공식 발제보고에 대한 참석자들의 준비된 관련 보고나 의견개진, 질의 등 공개토론 형태로 운영되며 그 주된 목적은 참여자들에게 권위있는 전문연구진의 주도하에 당해 분야에 관한 전문적 연수가 훈련의 기회를 제공하려는 데 있다. 따라서 참석자 전원은 공식 발표자가 아니더라도 구두로 또는 문자화된 약식보고서의 형태로 자료를 상호교환 할 것이 요구된다.

(2) **세미나의 특징**

세미나는 대학이나 전문연구기관에서 많이 이용되는 토론형 사회교육방법으로 쓰여지고 있으나 실제 세미나 운영과정을 보면 순수한 세미나형태의 토론과정이 아니고 다른 토론형 사회교육방법과 혼합된 방법으로 전개되는 경우가 많다. 여기서는 순수한 세미나형태의 사회교육방법의 특성을 제시해 보았다.

① 세미나 참석자전원은 고도의 전문적 식견을지닌 의장의 주도하에 자신들의 전문분야에 관련하여 새로운 아이디어나 경험, 지식, 정보 등을 세미나 발표와 질의응답을 통해 충분히 얻게됨으로써 당해분야에 대한 연구와 심화와 개별적인 자질향상 및 전문연수, 훈련의 기회를 갖게 된다.

② 세미나 참석자 전원은 발표자의 발표내용 및 공식보고내용에 대해 구두나 문서형식의 개별토의내용을 준비하여 서로 발표하고 의견을 교환하는 임무를 부여 받게된다.

③ 전 구성원간의 적극적인 참여가 가능하다. 이때 참여는 세미나가 진행되고 있는 집단토론 시간뿐만 아니라 사전보고 작성 및 조사연구기간, 주제 발표내용 및 발표준비

시기 등에 걸쳐 지속적으로 전 구성원에 의해서 이루어진다.

④ 주제 및 하위주제에 관련된 각종 참고자료와 관련자원을 활용함으로써 세미나 활동의 학습효과 향상은 물론 세미나 참석자들의 관심분야확산과 전문성제고, 관련주제에 대한 학습흥미와 동기유발을 일으킬 수 있다.

(3) 세미나 진행

세미나는 관련분야에 대해 전문적인 지식과 경험을 지닌 사람들로 구성되기 때문에 세미나에 참석하는 사람 즉 의장, 발표자 및 청중 모두가 각자의 역할을 충분히 수행함으로써 효과적인 세미나 토론이 이루어 질 수 있다. 세미나에서는 일반적으로 주제발표자가 있고 이 주제에 대한 좀 더 자세한 내용 또는 주제를 세분화하여 참여자들이 토론하여 어떤 결론을 내리게된다.

① 참여자의 역할

- 세미나를 총괄하는 의장은 세미나 진행 및 효과를 증대시키기 위해 각 절차에따라 단계별로 시간배정 및 시간준수를 발표자 또는 질의자가 지킬 수 있도록 해야하며 또한 각 구성원들의 역할수행 및 의견교류 등을 활발하게 촉진시켜 나가야 한다.
- 의장은 세미나 진행에 필요한 관련 참고자료 및 시청각교재를 준비하고 이를 효과적으로 이용할 수 있도록 분위기 조성을 해주어야 한다. 또한 효율적인 세미나 진행을 위해서 관련 고자료나 문헌 등을 배포하여 사전지식

을 충분히 갖도록 배려해 주고 중요한 토론안건에 대해 미리 암시 해주는 경우도 있다.

- 의장 자신 또한 세미나를 통해 스스로의 학습기회를 얻을 수 있도록 교육자 또는 학습자로서의 자세를 지녀야 한다. 의장은 세미나 참석자들 위에 군림하는 권위적인 지도자나 일방적 또는 수직적인 관계하에 지시 • 교도하는 교육자의 입장에 서면 안된다. 상호 수평적관계하에서 상호 공동학습의 원리에 입각하여 세미나를 진행하여야 한다.
- 세미나 구성원들은 효과적인 세미나 진행을 위해 의장과 협력하여 사전 세미나 준비단계나 사전협의 단계에서부터 수시로 모임을 갖고 관련자료 준비 및 보고서 작성, 발제안건 준비 등을 돕고 이에 적극 참여하여야 한다.
- 세미나 구성원들은 준비된 개별적 연구보고서를 주제발표에 이어 구두 또는 서면으로 발표하여야 하며, 이를 제 주제에 관한 집단토론에 적극 참여하여 질의응답 및 의견을 개진하여야 한다.

② 세미나 진행

세미나 진행방법은 세미나의 주제, 장소 및 내용 등에 따라 약간씩 다르게 접근될 수 있지만 대체로 다음과 같은 방법으로 세미나가 진행된다.

- 의장 또는 주제발표자에 의해 일정한 주제를 발표하게 되는데 여기에서 다루어지는 중요한 내용은 주제에 대한 개괄적 정보 또는 지식을 구성원들에게 제공하게 된다. 이때 소요되는 시간은 보통 15~30분정도이다.

- 주제발표에 대한 내용 또는 주제에 관련된 분야별 내용에 대해 구성원 모두가 함께 참여하거나 구성원이 분야별로 몇 명씩 참여하여 주제발표 내용에 대하여 좀더 자세하면서 다양성 있게 토론하여 일정한 내용으로 합의점을 도출시켜 구성원 전체가 모인가운데서 발표한다. 여기에 소모되는 시간은 일정하게 하기는 어렵지만 대체로 약10~30분 정도 걸린다.
- 세미나 구성원들이 한데모여 각 분야별로 토의된 내용에 대해 집단토론을 다시하여 각 분야에서 나타난 내용이 전체 주제와 연계될 수 있도록 조정해 나간다. 여기에서 소모되는 시간은 약 20~30분 정도 걸린다.
- 분야별로 토의된 내용을 주제발표와 연계시켜 종합정리를 해야한다. 즉, 각 분야에서 제기된 내용을 좀 더 보완하고 명확히 하기위하여 종합정리 및 발표를 하게되는데 여기에 소모되는 시간은 보통 약 10~15분 걸린다. 종합발표는 의장이 할 때도 있고 참석자 중 관련 전문가가 하는 수도 있다.

③ 세미나 토의 유의사항

세미나 토의는 매우 전문성을 지니고 있기 때문에 토의분야에 대하여 많은지식과 경험을 갖춘 사람들로 구성되어야 하지만 실제로 그렇지 못한 경우가 많다. 그러므로 세미나 토의를 좀 더 효과적으로 전개시키기 위해서는 다음과 같은 유의사항이 필요하다.

- 의장의 독단적 운영이 되어서는 안 된다. 세미나에 있어서는 무엇보다도 의장이나 발제자의 세미나 진행능력과

기술이 그리고 의장과 기타 세미나 참석자 간의 유기적인 긴밀한 협력관계가 중요하다. 따라서 세미나의 전반적인 진행이나 주제발표, 발제 강연등에 있어서 지시나 독단적인 입장을 보이지 않도록 해야 한다.

- 발표간의 발표내용이 서로 연계되어 있어야 한다. 각 구성원들이 발표하는 하위제제의 내용이 상호단절 되지 않고 전체 대주제 내용과 유기적으로 연계되어 있어야 한다. 이런 요소가 고려되지 않으면 세미나는 이미 전문적인 연수나 훈련의 의미를 상실하게 된다.
- 의장의 전문성이 요구된다. 세미나에서 다루어지는 내용은 매우 전문성을 지니고 있으므로 세미나를 총괄하는 의장은 그 분야에 대해 권위가 있거나 풍부한 지식과 경험을 갖춘 인물이어야 한다. 뿐만 아니라 의장은 지도성, 통솔력, 자원동원능력 및 언어구사력 등이 풍부해야 한다.
- 세미나 단계별 과정이 유기적으로 연계되어야 한다. 세미나는 본회 진행과정 등의 단계별 요소가 함께 이루어져야만 실효를 거둘 수 있다. 따라서 이 세단계가 모두가 유기적으로 관련을 맺으면서 총체적인 참여와 계획하에 진행되어야 하며 이 중 어느 한 요소만이 중시되거나 균형을 잃게되면 세미나의 의미를 약화시키게 된다.
- 공식적인 보고서나 발표내용이 준비되어야 한다. 세미나 진행시에는 주제에 관한 공식연구 보고서나 발표내용이 준비되어야 하며 이에 관한 하위주제 또는 관련주제들로 이루어지는 각 구성원들의 개인발표물이 함께 준비 및 제시 되어야 한다. 또한 발표내용이나 보고서에 관한 심도 있는 이해와 토론을 돕기위한 다양한 관련 참고자료

들과 시청각 기자재 등이 제시되고 충분히 활용 되어야만 세미나식 사회교 육방법이 효과를 거둘 수 있게 된다.

3) 배심토론(panel Discussion)

(1) 배심토론의 개념

패널이란, 주어진 주제에 대하여 유목적 적인 대화를 가지는 3~6명의 사람들의 집단이다. 패널의 구성원은 토론 되어질 주제에 대한 흥미와 지식 그리고 학습자들 앞에서 주제에 대해 이야기할 수 있는 능력들을 근거로 하여 이루어 진다. 패널의 구성원은 보통 학습자들 앞에있는 테이블에 앉는다. 패널 구성원들간의 대화는 사회자가 미리 준비된 질문에 따라 진행한다. 학습자들은 그들의 대화를 보고듣지만 참여하지는 않는다. 패널토의는 보통 15~45분간 지속되는데 내용에 따라 시간 차이가 많이나는 수가 있다.

(2) 배심토론의 특징

배심토론은 오늘날 사회적으로 문제시 되는 내용 또는 주요 관심분야에 대하여 많이 이용되는 집단토의 형태로서 TV매체를 통하여 많이 볼 수 있다. 그리고 배심토의는 매우 다양하면서도 청중들로 하여금 폭넓은 정보를 구할 수 있는 형태로서 그 전개 방법에는 다음과 같은 특징이 있다.

① 배심토론은 특정의 문제나 논쟁점에 관련된 주제에 대한 관심을 증대시키거나 이해를 증진시키고 이에 대한 다양한 의견을 광범위 하게 수렴 및 제시하는 학습기법이다. 따라서 학습자들은 직접 대화나 토론에 참여하지는 못하

지만 경청을 통한 배심토론 진행과정에의 간접 참여로서 특정 주제에 대한 관심의 제고와 함께 다양한 견해에 접하게 되고 문제와 논쟁점을 명료화할 수 있으며 이러한 과정에서 주제에 관한 관련지식·정보를 부수적으로 습득하게 되므로 충분한 학습효과를 얻게된다.

② 전문적 지식을 갖추고 있지 않은 학습자 들에게도 높은 학습효과를 기대할 수 있다. 비교적 자유롭고 비형식적인 분위기 속에서 공식적 발표와 토론보다는 자유롭게 다양한 의견이 활발하게 교류되기 때문에 학습자들의 이해를 높이게 된다. 즉 세미나나 심포지움의 경우와는 달리 주로 일반인이 청중으로 참여하기 때문에 전문가들 만의 공식적인 발표나 부고 보다는 효과적인 학습효과가 일어난다.

③ 배심토론 구성은 사회자, 토론자 및 청중으로 이루어 진다. 이때 사회자는 논리 정연하고 체계적인 질의나 발제를 통해 산만해 지기쉬운 토론 분위기를 잘 조정해 나가야 한다.

④ 배심토론자는 대담식 토론전에 공식적인 자신의 의견을 제시할 수 있다. 배심토론의 효과를 제고 시키기 위해 각 패널 구성원들은 대담식 토론의 개진이전에 약 5분 이내의 간략한 공식적 진술이나 다소 공식적인 의견 발표시간을 먼저 가질 수도 있다. 경우에 따라서는 공식적 진술이나 의견 개진외에 관련주제에 관한 영화나 슬라이드 등을 보여줄 수 있다.

⑤ 배심 토론 후 포럼 형태의 토론을 진행 시킬 수 있다. 배

심토론이 끝난 뒤에는 보통 그 후속 프로그램으로 청중들이 모두 폭넓게 직접 참여할 수 있는 포럼형태의 공개토론회를 갖는 경우가 많다. 공개 토론회에서는 배심토론의 주제에 관한 후속적 의견의 제시와 수렴, 논쟁 등이 심도 있게 이루어지게 되고 이 시간에는 청중들이 토론에 직접 참여 할 수 있게 되어 많은 학습효과를 올리게 된다.

⑥ 배심토론은 다양한 의견수렴을 통해 문제해결을 용이하게 한다.

배심토론은 집단 스스로가 주어진 문제를 명료하게 인식하고 이에 관해 체계적인 방식으로 다양한 아이디어와 의견을 수렴함으로써 문제를 해결해 나가는 과정으로 이해될 수 있다. 따라서 배심토론은 특히 집단구성원 전체가 집단의 문제에 깊은 관심과 해결의 의지를 갖고 있으나 그에 대한 해결 대안에 있어서는 의견의 합치를 보지 못하고 충분한 토론과 의견수렴을 요하는 상황에 있을 경우 보다 효과적인 학습기법으로 작용할 수 있다.

(3) 배심토론의 진행

배심토의는 약15~45분간 지속되는 것이 보통이며 각 배심토의자는 1회에 1인당 약 2~3분 이상의 시간을 소요하지 않는 범위내에서 간결하게 의견을 개진 함으로써 다양하고 빈번한 의사교환이 이루어지도록 해야한다. 패널토의 구성원은 반드시 관련 주제분야의 전문가일 필요는 없다. 단지 토론될 관련 주제에대한 충분한 관심과 흥미, 지식 그리고 많은 청중들 앞에서 주제에 관한 대담, 토론을 할 수 있는 능력 등을 지니고 있으면 된다. 이와 같은 입장에서 배심토론을 구성하는 사회자, 배심토론자 및 일반 청중학습 등이 배심토론을 진행하는 과정에서의 역할이 무엇인가를 중심으로 제시해 보고자 한다.

① 사회자는 진행에서의 주도적 역할을 한다. 배심토론의 사회자는 배심토론의 사전협의 및 준비·진행에 있어 주도적인 역할을 해야 한다. 즉 사회자는 배심토론 개회전에 배심토론 구성원들과 함께 토의 주제나 안건을 협의하고 프로그램을 계획하며 토의 범주의 조정과 각 토의 안건별 시간배정, 특수한 분야에 관한 개인별 토론 및 과제할당, 진행윤곽의 양식, 대담 내용의 개요나 계획서 등 제반사항을 협의, 결정하고 준비해야 한다.

② 사회자는 토의가 자발적으로 일어 나도록 유도한다. 사회자는 배심토론 구성원들이 충분히 그들의 이질적이고 다양한 의견들을 깊이있게 개진할 수 있도록하는 질문을 제기 해야하며 가능한 한 자유롭고 자발적인 배심토론 참여가 이루어지도록 분위기를 조성 및 배려 해야한다.

③ 사회자는 토의에 깊이 개입하지 않는다. 사회자는 가능한 한 발의만 할 뿐 토론내용이나 대담에는 깊이 관여하지 말아야 한다. 즉 배심토론 진행시 특별한 경우를 제외하고는 자신의 의견을 직접 표출 시키지 말아야 한다. 이때 특별한 경우란, 청중의 이해를 위해 또는 주제와 토론내용의 명료하를 위헤 발인 내용에 대해 부수적인 설명이나 재 진술을 요할 경우, 빗나간 토의주제를 다시 본 주제 관련 범주로 환원 시키고자 할 때, 토의의 한부분을 끝내고

다음 토의사항으로 이행하고자 할 때, 추가 토의를 요하는 부분이 발견되었을 때, 극히 상반된 의견이 계속 논쟁점으로 부각 되고 있을 때 이에 관한 일단의 결론을 짓고자 할 경우 등이 이에 속한다.

④ 배심토론 참가자는 관련 토의에 관한 지식을 지니고 있어야 한다. 배심토론 참가자는 해당 주제에 관해 전문가는 아니더라도 그 주제에 대해 어느 정도의 지식, 정보, 경험 및 관심을 지니고 있어야 한다. 배심토론 참가자는 사전 협의와 준비단계 에서부터 참여하여 사회자와 함께 배심토론의 전반적인 진행과 효율적 수행을 위한 제반 사항을 계획, 검토 결정해야 한다.

⑤ 배심토론 참가자는 의견을 간결하게 개진한다. 배심토론 구성원들은 비공식 적이고 자유로운 대화 분위기를 유지하면서도 동시에 간결하고 명확하게 발의된 문제에 대한 자신의 의견을 개진 하여야 하며 다른 토론자의 의견을 경청하고 그에 관한 반응적 의견과 토론을 교환 함으로써 합치된 결론이나 토의주제에 접근하고자 노력해야 한다.

⑥ 청중 학습자들은 배심토의가 어떤 합일점을 도출하는데 도움을 주어야한다. 청중 학습자들은 배심토론 주제에 관한 깊은 관심과 흥미를 지니고 있는 일반인들로 구성되는 것이 보통 이므로 그들의 지적 수준과 능력은 매우 이질적이고 다양하게 나타난다. 따라서 학습자들은 배심토론에서 제시되는 다양한 의견과 논쟁점에 대해서도 다양한 반응과 의견을 보이게 된다.

이때 학습자들은 의견의 상이성과 유사성 그 가능성과 한계 등을 숙고 하면서도 어떤 합의로운 방향으로의 결론에 이르도록 배심 토론자들의 의견과 토론과정을 경청하고 주의깊게 관찰 함으로써 이에 간접 참여하여야 한다.

(4) **배심토론 유의사항**

배심토론을 효과적으로 수행하기 위해서는 배심토론 구성원 즉 사회자, 배심토론자 및 청중 모두가 토론에 적극적으로 협조해야 한다. 이를 위해서 필요한 조건을 몇가지 제시해 보면 다음과같다.

첫째, 배심토론에 필요한 계획을 사전에 충분히 준비 해야한다. 즉 배심토론의 효율적인 수행을 위해서는 충실한 사전 토론계획 수립과 사회자의 발의 및 토론 진행능력, 다양한 패널토론자의 구성이 매우 중요한 변수로 고려 되어야 한다.

둘째, 배심토론상에 일부인의 독점적인 토론을 자제 시켜야 한다. 배심토론이 소수구성원에 의해 독점되거나 한 토론자가 5분이상의 과잉발언으로 인해 일정한 시간에 토론 참여자가 모두가 고르게 참여할 수 있는 기회가 박탈되지 않도록 한다.

셋째, 배심토론자 선정에 주의해야한다. 배심토론에서 토론하는 사람의 발언은 학습효과에 매우 중요한 영향을 미치기 때문에 배심토론 참가에 적합한 사람으로 구성되어야 한다. 즉, 가능한 한 토론주제나 논쟁점에 대하여 서로 다른 의견과 논지를 보유하고 있으며 다양하고 충분한 경험을가진 사람들로 선정 및 구성되어야 한다.

넷째, 청중들로 하여금 다양한 학습경험을 익히도록 학습목표가 설정되어야 한다. 배심토론은 패널 구성원간에 공식적, 체계적인 보고나 발표가 아닌 다소 비공식적인 대화를 중심으로 이루어지므로 체계적이고 논리 정연한 지식·정보의 제시는 어려울 때가 많다. 따라서 패널을 학습기법으로 활용 하고자 할 때는 청중에게 지식·정보를 체계적으로 전달하려는 목적보다는 주제에 대한 전반적인 관심의 재고와 학습동기 유발, 특정 주제에 관한 다양한 의견과 경험의 수용, 합리적인 방향에로의 근접등과 같은 학습목적이 설정 되어야 한다.

다섯째, 배심토론은 청중의 학습흥미를 유발 시키도록 전개되어야 한다. 배심토론은 단순히 사회자와 패널구성원들만의 관심과 흥미에 의해서 진행되지 않도록 배려 하여야 한다. 즉 청중의 학습효과와 그들의 학습욕구, 관심이 최대로 반영 되어야 하며 그들의 간접 참여로 인해 배심토의에 흥미를 잃고 소외되거나 무관심해 지지 않도록 계속적으로 학습동기가 유발되는 토론과정을 전개 하여야 한다.

(5) 배심토론의 장·단점 및 시설물 배치

배심토론은 다른 집단토의 형식에 비하여 약간의 독특한 특성을 지니고 있지만 큰 범주내에서는 그 전개과정이 집단화된다는 측면에서는 공통성을 지니고 있으며 또한 이러한 토론은 다음과 같은 장. 단점을 지니고 있다.

① 장점

- 여러 자원 인사가 학습자들의 흥미를 불러 일으킬 수 있다.
- 학습자들에게 여러가지 다른 견해들이 표명되어질 수 있다.
- 학습분위기가 부드럽다.
- 잘 진행된 패널 토의는 학습을 촉진 시키는데 매우 효율적 이다.

②단점

- 패널은 토의를 활성화하고 이끌어 가는데 유능한 사회자를 필요로 한다.
- 능력있는 패널 구성원을 구하기가 쉽지 않다.
- 학습자들이 토론으로 부터 유익한 것을 얻을 수 있을 만큼 충분한 관심과 지식 또는 경험을 가지고 있지 않을 수 있다.
- 무책임한 배심토론 구성원은 학습을 촉진시키기 보다 사적인 일에 더 관심을 가지는 경우도 있다.
- 패널은 대화를 통해 이루어지므로 체계적이고 논리정연한 정보제시가 어려울 때가 있다.

③시설물 배치

배심토론을 위한 시설물 배치는 사회자, 배심토론자 및 학습자들의 상호협조적 분위기를 조성할 수 있게끔 배치 되어야 하는데 대체로 시설물 배치는 학습자들은 사회자와 배심토론 구성원들을 볼 수 있어야 하고, 그들의 말을 들을 수 있도록 이루어져야 한다. 이를 위해 집단의 크기와 화합의 성격에 어울리는 방이나 강당을 선택 하는것이 좋으며 사회자와 패널구성원을 확인할 수 있도록 이름표를 준비해야 한다.

배심토론을 위한 시설물의 배치 형태는 다음과 같다.

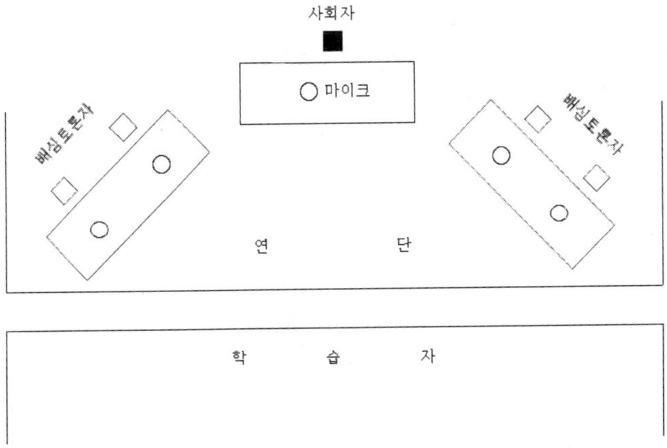

4) 대담토론(colloquy)

(1) 대담토론의 개념

대담토론은 배심토론의 한 일종으로서 콜로키라 불리우는 학습기법으로서 대담토론은 보통 6~8명 정도의 인원이 토론자로 구성되며 이중 3~4명은 학습자 대표이고 다른 3~4명은 전문가나 자원 인사이며 한명의 사회자가 대담토론 과정을 총괄하여 이끌어 나가게 된다.

대담토론 시간은 학습자 집단과 전문가 집단 양측에 거의 동등하게 주어진다. 이때 주된 의사소통과 참여는 전문가와 학습자 대표집단에 의해 이루어지나 일반학습(청중)들도 사회자에 의해 직접 대담토론 과정에 참여하게 된다. 즉 전문가나 자원인사들이 주어진 주제에 대해 의견을 발표 및 개진하면 학습자 대표들이 이에 관해 질의를 하거나 개진하게 되는데 이때 사회자의 지도하에 일반 학습자들도 토의에 참여하여 질의하거나 의견을 개진할 수 있다.

(2) 대담토론의 특성

대담토론은 패널토의와 매우 유사한 방법이지만 몇가지 측면에서 독특한 특성을 지니고 있을 뿐 아니라 그 외에도 대담토론만이 갖는 특성이있다. 이에 관하여 몇가지 제시해 보면 다음과 같다.

① 대담토론구성이 전문가와 학습자로 구성된다. 대담토론은 구성원이 학습자 대표집단과 외부 전문가가 반반이라는 점과 학습자 대표집단이나 학습자가 직접 토의에 참여하여 쌍무적 의사소통을 하게 된다는 점에서 배심토론과 차이가 있다.

② 일반 청중들도 토의에 참여할 수 있다. 대담토론에는 학습대표뿐만 아니라 일반 학습자인 청중들도 토의에 참여할 수 있고, 연사(발표자)가 3~4명 정도의 다수 전문가로 이루어지며 이들과 학습자들 간의 대담형식으로 토론이 이루어 진다는 점에서 학습대표 집단참여제 토론과도 차이가 있다.

③ 학습자의 능동적인 참여를 유발시킬 수 있다. 대담토론에는 학습자의 자유로운 참여를 보장하기 때문에 학습자의 학습참여를 가능케 함으로써 그들의 학습흥미와 동기를 크게 고취시킬 수 있음은 물론 실제적인 학습효과도 제고시킬 수 있는 기법으로 평가된다.

④ 학습자 욕구를 최대한 충족 시킬 수 있다. 전문가나 자원인사도 또한 소수의 학습 대표집단 뿐만 아니라 학습자 전체집단의 참여를 통해 그들 질의와 의견을 접하게 됨으로써 충분한 학습자 반응을 환류 받을 수 있고 학습자 욕구충족에 보다 근접하는 토론을 진행할 수 있게된 다.

⑤ 학습자는 풍부한 지식과 경험을 접하게 된다. 여러명의 전문가와 자원인사도 토의에 참가하게 되므로 학습자들은 주제에 관한 다양한 의견을 접하게 되고 풍부한 관련 지식·정보를 습득 하게되며 자신의 질의사항에 관해서도 다양한 견지의 응답과 견해를 접할 수 있게된다.

⑥ 학습자의 학습효과를 높일 수 있다. 전문가와 학습자간에 그리고 학습자대표와 학습자간에도 매우 자연스럽고 자유로운 의사소통이 가능하며 그로 인해 삼자간의 공식적인 진행 의례에따른 간격이나 거리감이 해소되며 학습효과가 더욱 제고될 수 있다.

⑦ 모든 참여자들의 의견 수렴할 수 있다.
사회자의 체계적이고 논리정연한 진행만 전제 된다면 매우 다양하면서도 심도있는 논의들이 자유롭게 전개될 수 있으며 모든 참석자 집단들의 의견이 수렴되어 한 주제에 관해서라도 폭넓고 융통성 있는 학습이 이루어질 수 있다.

(3) 대담토론의 구성 및 진행

① 대담토론의 구성

대담토론에는 사회자, 전문가, 자원인사, 학습자 대표 및 학습자들로 구성된다.

- 사회자는 전문가 및 자원인사, 학습자 대표 그리고 학습자들의 토의를 이끌어 가는 사람이다. 그는 토의기법을 사용하는데 능숙한 사람이며 학습자의 참여를 고무한다. 또한 사회자는 이 기법의 장점을 최대한 융통성 있게 활용하여 토의를 진행 할 수 있어야 한다.
- 자원인사들과 전문가들은 토의될 주제에 대해 전문지식과 관심을 가진 1명 내지 4명의 사람들로 구성되며 토의에 참여할 수 있는 능력을 갖춘 사람이어야 한다.
- 학습대표자들은 주제에 관심이 있고 학습자들에게 주제를 명백하게 설명하기 위해 논리적인 논평과 질문을 할 수 있는 능력을 갖춘 사람들로 구성된다.
- 학습자들은 주제에 관심이 많은 사람들로 구성된다. 대담에서 학습자의 태도는 그들의 관심의 정도를 나타내준다. 그들의 지적수준 및 관심은 매우 다양할 것이다. 가능한 한 학습자들의 관심과 요구에 맞추어 주제를 선택하는 것이 필요하다.

②대담토론의 진행

- 사회자는 대담토론을 구성한다. 사회자는 사전에 대담토론에 적절한 토론 구성원을 선정 하여야 하며 이는 전문가나 자원인사 그리고 학습자 집단의 대표들로 고루 구성한다.
- 사회자는 적절한 시간안배 및 구성원 역할을 분배한다.

사회자는 대담토론의 특성을 충분히 이해하고 있어야 함은 물론 모든 구성원들의 역할과 임무에 따라 토론시간을 적정 안배 조정하여야 하며 이 기법의 특성을 최대한 이용하여 융통성 있고 다양한 논의가 이루어지도록 해야한다.

- 전문가와 자원인사는 효율적인 토론을 주도해 나간다. 전문가와 자원인사들은 해당 주제에 관한 전문지식과 관심을 지니고 있어야하며 대담토론의 특성을 충분히 이해하여 학습자집단의 욕구충족과 학습효과 제고를 위해 효율적인 토론전개를 주도해 나가야 한다.
- 전문가와 자원인사는 주어진 범위 내에서 질의 응답한다. 전문가와 자원인사 집단은 사회자의 토의 주제에 따라 학습자 대표집단은 물론 일반 학습자 집단과도 충분한 의견교환과 질의 응답시간을 가져야 한다. 이때 주의할사항은 질의응답이 본 주제에서 이탈하지 않도록 한다.
- 학습자 대표는 일반학습자의 욕구를 파악해야 한다. 학습자 대표는 토의주제에 관심이 있어야 하며 또한 주제를 명백히 인식하고 있어야 하며 일반 학습자들의 학습욕구의 수준, 그리고 그들의 견해를 사전에 파악 함으로써 이들의 욕구를 충족 시킬 수 있게끔 발언, 질의 및 응답을 해나간다.
- 학습자는 능동적으로 참여해야 한다. 학습자 집단도 주제에 관심이 있는 사람들로 구성되어야 한다. 그리고 자신들의 견해를 학습대표자 들에게만 위임하지 말고 적극적이며 능동적으로 토론에 참여해야 한다.

(4) 토론의 유의사항

① 대담토론 참가자는 대담토론 방법을 미리 숙지해야 한다. 대담토론에 참가하는 사람은 학습기법의 특성 및 각 구성원들의 역할을 충분히 숙지해야 한다. 그렇지 못할경우 대담토론은 일반적인 집단토의나 자유토의로 흐르게 되며 그 본래의 학습기법 으로서의 의미를 상실하게 된다.

② 참여자의 적극적 참여를 유도한다. 학습자 집단의 참여가 적극적이지 못할 때 대담토론은 배심토론의 패널방식과 차이가 없게 된다. 대담토론의 특성은 전문가의 의견과 학습자의 반응학습이 조화롭게 교차, 접목 된다는 점에 있으므로 충분히 학습자의 학습토론 참여가 이루어지도록 각 구성원들이 노력해야 한다.

③ 발언기회가 균등화 되도록 해야한다. 제한된 시간내에 제한된 주제에 관한 토의가 다양하게 이루어지기 위해서는 발의기회가 특정집단이나 특정인 에게만 편중, 제공되지 않도록 해야한다.

5) 포럼(forum)

(1) 포럼의 개념

포럼의 자유토론형의 학습기법으로 보통 25명 이상의 집단 구성원들과 한명 이상의 전문가들 간에 진행되는 15~60분간의 공개적인 토론을 의미한다. 포럼에는 다양한 기술이 사용되고 학습자들이 직접적으로 참여하는 대단위 공식적 화합을 의미한다.

포럼은 단순히 질문하고 대답하는 것만이 아니라 청중이 논평하도록 자극하고 논쟁점을 토론하며 정보를 제공하며 또한 모든 구성원이 질의 응답형태로 자신의 의견을 발표하고 직접 토론에 참여하게 된다는 점이 특징적 이다. 즉 포럼은 다양한 유형의 토론기법들이 활용될 수 있는데 토론의 장으로서, 학습자들이 직접 참여하여 공식적 발표를 한 전문가나 자원인사들에게 질의 응답을 함으로써 자유롭게 상호의사 소통을 하고 의견개진과 토론을 하게되는 대단위 토론회합 이다. 이때 청중 학습자들은 단순히 질문만 하는것이 아니고 전문가나 자원인사와의 상호교환을 통해 포럼의 논평과 의견개진에 적극 참여하도록 동기 유발되며 동시에 주제에 관련된 적절한 지식, 정보를 얻게 됨으로써 자연스럽게 토론의 장에 유입되게 된다.

포럼은 보통 다음과 같은 시기에 사용된다.

□ 다른 기법에 의해 사전에 제기된 논쟁점이나 제시된 정보를 명백히 하거나 조사 하고자 할 때
□ 학습자로 하여금 아이디어와 의견을 내놓게 할 때
□ 질문과 대답보다 토의를 하고자 할 때
□ 전문가들로 하여금 토의에 나타난 요구와 관심사항에 대해 언급하도록 하고자 할 때
□ 보다나은 프로그램에 의해 접해질 수 있는 요구와 관심

사항을 확인하고자 할 때 등의 시기에 포럼형식의 자유토론이 많이 이용된다.

(2) 포럼의 특징

① 모든 참여자가 토론참여를 통해 학습성과를 기대할 수 있다. 포럼은 단순히 특정 소수의 전문가나 자원인사의 공식적 보고 또는 발표에 의한 간접 의사소통 학습이 아니라 전 포럼 참여자들의 직접적인 토론에의 참여를 통한 토론학습이라는 점에서 보다 직접적이고 효과적인 학습 성과를 기대할 수 있게 된다.

② 포럼은 제기된 주제에 대한 포괄적인 정보를 획득하게 된다. 포럼은 강의, 강연, 심포지엄, 패널 등의 공식적인 토론회합에서 제기된 주제나 문제를 보다 명확히하고 이에 관한 전 집단구성원의 심층적인 의견개진이나 토론을 유도 하고자 할 때 효과적으로 많이 활용되는 기법으로서, 제기된 주제나 문제에 대한 확인작업과 추가정보 등에 효과를 거둘 수 있다.

③ 포럼은 참여자의 포괄적인 지혜를 제시 및 습득할 수 있다. 포럼은 학습자 전체집단이 제시한 아이디어나 의견은 소수의 전문가나 자원인사들 만의 공식적 발표내용보다 다양하고 유용한 것일 수 있으며 특히 집단지혜의 수렴이라는 점에서 효과적 일 수 있다.

④ 포럼은 학습자의 욕구를 충족시킬 수 있다. 포럼은 구성원이 제시한 의견이나 질의를 중심으로 진행되기 때문에 학습자의 학습욕구와 필요를 충족시켜주는 방향으로 토론이 진행될 수 있다.

⑤ 포럼은 논리정연한 주제토론이 가능하다. 포럼은 특정 주제에 관한 전문가나 자원인사의 공식적 발표가 있은 후에 이 주제와 관련하여 일반토론회 참석자들의 질의응답과 의견개진, 논평이 계속되기 때문에 일반적인 공식 토론형 보다 체계적이고 논리정연한 주제토론이 가능하다.

(3) 포럼 참여자의 조건과 진행

①참여자의 조건

- 사회자는 토의를 이끌어가고 대규모 학습자들의 참여를 유도하는데 익숙해야 한다.
- 전문가는 주제에 대해 많은 지식과 관심을 지니고 있어야 한다. 전문가는 보다 나은 토의를 위해 질문하고 정보를 주고 논평과 아이디어를 제공한다. 그는 미리 준비된 장황한 연설이나 해설을 하지않고 간단하고 그 상황에 알맞은 직접적인 말을 할 수 있도록 주제에 대해 풍부한 지식을 가지고 있어야 한다.
- 학습자들은 지적인 토의가 되도록 주제에 대한 충분한 지식을 갖추고 있어야 한다.

② 포럼의 진행

- 사회자는 참여자를 소개한다.
  사회자는 포럼 대 주제를 소개하고 주제에 관해 발표해줄 전문가나 자원인사를 소개한다.
- 전문가와 자원인사의 발표는 논리정연하며 간결하게 한다.
  전문가나 자원인사들은 사전에 포럼 참여자들 즉, 학습

자들의 학습욕구와 필요를 충분히 고려하여 지루하지 않게 관련된 간단한 논의형식의 의견을 발표한다. 이때의 발표는 간결하면서도 논리정연한 것으로서 주제에 직결된 것이어야 한다.

- 전문가와 자원인사는 참여자의 질의응답에 간단 명료하게 대답한다.

전문가나 자원인사들은 간단한 논의나 의견개진 후 포럼 참석자들의 포럼토론에 질의 응답형식으로 참여해야 한다. 이때 자신들의 주관적인 생각이나 전문적인 지식을 지루하게 설명하기보다는 질의자의 학습욕구와 논쟁점을 명백히 파악하여 그 문제의 핵심에 적합한 응답을 간결하게 제시해 주어야한다.

- 포럼에의 일반참여자 모두는 포럼에대한 사전지식을 지니고 있어야한다.

포럼 참석자로서의 일반토론자들은 포럼토의가 체계적이고 효율적이 될 수 있도록 사전에 주제에 관련된 내용을 충분히 숙지하고 있어야한다.

그리고 토론에 적극적으로 관심을 표명하면서 참여할 수 있도록 해야한다.

- 학습참여자는 적극적인 질의와 답변 유도를 통해 자신의 학습욕구를 충족 시키도록 해야 한다.

포럼 참석자들은 자신들의 학습욕구와 토론 주제에의 관심, 흥미영역에 따라 질의를 하고 논평하되, 특히 주제에관한 전문가나 자원인사의 발표내용을 중심으로 해당인사를 지적하여 질의, 토론함으로써 문제의 핵심을 보다 명료히 하고 자신의 학습욕구도 충족 시켜야 한다.

(4) 포럼의 유의사항

① 포럼주제와 토론자의 발표가 사전에 충분히 고려되어야 한다. 주제선정 과정과 전문가나 자원인사의 주제에 관한 공식적 논의 및 발표가 학습자들의 욕구와 어떻게 부합되는지 사전에 충분히 검토해야 한다.

② 사회자는 포럼을 효과적으로 이끌어 나갈 수 있는 사람이어야한다.
다른 토론기법과는 달리 공개 토론으로서의 포럼은 대다수의 토론참석자가 모두 토론에 직접 참여하게 되므로 이를 체계적이고 성공적으로 이끌기 위해서는 상황에 따라 적절한 발의자와 질의응답자의 선정 및 시간배정, 중재역할, 종합정리 등을 주도해 나갈 사회자의 역할이 매우 중요하다.

③ 전문가와 자원인사는 융통성이 있어야 한다.
융통성있게 제반 질의와 응답에 대처할 수 있는 전문가와 자원인사 선정은 포럼상태에 크게 영향을 미친다. 주제에 관한 일부 특정 부문에 대한 지식과 관심만을 지닌 전문가나 자원인사들이 선정 되었다면 포럼 참석자들이 제기한 다양하고 이질적인 질의와 논쟁점에 대처해 나가기 어렵기 때문이다.

④ 토론내용이 주제와 동떨어지지 않도록 유의한다.
참석자의 수가 다수이고 토론의 참여범위 또한 전체집단

이므로 토론이 주제로부터 너무 이탈되거나 산만하고 비체계적으로 흐르지 않도록 모두가 유의해야 한다.

포럼이 진행될 수 있는 체계를 그림으로 표시하면 다음과 같다.

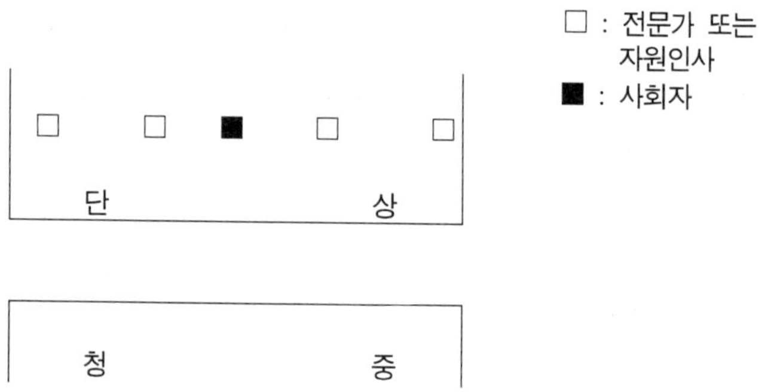

포럼의 배치도

6) 소집단 원탁토론(Small Group Round Table Discussion)

(1) 원탁토론의 개념

원탁토론은 보통 5~20명 정도의 토론자가 원탁형의 탁자에 둘러앉아 주어진 주제에 대하여 사회자의 진행에 따라 자유롭게 토의하는 양식을 의미한다.

즉, 소집단 원탁토론기법은 토론모임의 구성단위가 5~20명 정도의 소집단이라는 것과 모든 구성원이 상호대등한 토론회 구성원의 자격으로 참여하여 원탁에서 직접 대면하여 정해진 주제에 대해 자유로이 서로의 아이디어를 교환하는 모임이다.

그러나 집단 원탁토의는 몇사람이 모여 자유롭게 산발적인 대화를 주고받는 비조직적인 집단 자유토론의 형태와는 다르다. 소집단 원탁토의는 논의될 주제가 미리 선정되어있고 그것에 관해 의미있는 토론을 하게된다는 점에서 완전히 자유롭게 비공식적인 성격의 집단토론과는 차이가 있다.

소집단 원탁토론기법은 전체 참여자가 모두 토론의 구성과 과정에 직접적으로 참여하며 그 결과에 대한 책임 또한 균등하게 공유한다는 점에서 매우 민주적인 토론 방법이다.

(2) 원탁토론의 특징

원탁토론은 사회교육기관에서 최근에 많이 활용되고있는 사회교육기법의 하나로서 매우 효과적인 교육방법 중의 하나이다. 이와같은 사회교육기법은 여러가지 측면에서 다른 사회교육방법과는 독특한 특성을 지니고 있는데 그 내용을 제시하면 다음과 같다.

① 토론참여자 학습의욕을 충족시킬 수 있다.

원탁토론은 집단의 규모가 작고 그 형식이 자유로우며 전체 구성원의 대등한 공동참여와 토론에 대한 책임의 공유를 전제로 하므로 모든 토론참여자의 학습욕구 충족에 적합한 학습효과를 기대할 수 있다.

② 집단전체의 학습효과를 증진 시킬 수 있다.

원탁토론은 주로 소집단으로 구성되기 때문에 이 집단구성원은 대부분 토론에 참여할 기회를 가지게 되기 때문에 이 집단 구성원 상호간의 학습동기를 자극시킬 수 있어 집단 에너지를 극대화 시킬 수 있다.

③ 구성원들의 집단 소속감을 강하게 느끼게 된다.

원탁토론 구성원들은 상호 자극적이고 협조적인 토론으로 인해 상대방을 기능적으로 이해할 수 있는 기회가 부여되기 때문에 구성원들간의 협조관계가 원만하게 나타날 수 있게 한다.

④ 주어진 문제를 확실히 파악하여 이를 해결 하는데 적극적 이다.

원탁토론은 구성원 상호간의 협력적 관계를 통해 이루어지기 때문에 주어진 문제에 대해 적극적으로 대처하려는 노력을 기울이게 된다. 즉 다른 토론처럼 토론자가 너무 많은경우에는 서로간의 책임회피성 때문에 문제인식을 소홀히 할 수도 있겠지만 원탁토론은 소수인에 의해 전개되는 사회교육방법 이기 때문에 주어진 문제에 대해 책임감을 공유하게 됨으로써 문제해결에 적극적이게 된다.

⑤ 원탁토론은 민주의식을 함양시킬 수 있는 기회를 제공한다.

원탁토론 구성원들은 다른 구성원의 토론에 대하여 긍정적으로 존중하고 비판할 수 있는 기회를 가지게 되기 때문에 상대방에 대한 의식을 많이 가져야만 협력적으로 전개될 수 있다. 그러므로 이러한 과정에 의하여 원탁토론 구성원들은 민주적 학습을 경험하게 된다.

(3) 원탁토론의 진행

원탁토론의 구성은 사회자, 토론참여자 및 토론기록자등으로 구성되는데 이들은 각기 주어진 역할을 충실히 수행함으로써 원탁토론이 원만하게 진행될 수 있는데 이에 대한 내용을 제시해보면 다음과 같다.

① 사회자는 합리적 방법으로 토론주제를 선정하도록 유도한다. 사회자 또는 토론 지도자는 집단구성원들이 토론해야 할 주제 또는 토론내용이나 목적을 명확히 인식하도록 도와 주어야하며 전 구성원이 자유롭게 자신들의 필요와 흥미, 욕구에 따라 토론주제를 선정하도록 돕는다.

② 사회자는 반드시 일정한 사람이 전담하는 것은 아니다. 원탁토론을 진행할 때 사회자는 반드시 주어진 한명에 의해 계속적으로 주도되는 것은 아니다. 필요에 따라 참석한 다른 구성원이 사회를 맡아 계속적으로 주어진 주제에대하여 토론하기도 하기때문에 매우 융통성을 가지고 진행한다.

③ 사회자는 토론이 주제에서 벗어나지 않도록 한다.
사회자는 토론이 지나친 사견이나 편견, 논쟁, 논박으로 흐르지 않도록 잘 조정해 나가야 하며 특히, 본 주제에서 벗어난 토의에 대해서는 적절하게 통제해 나가야 한다.

④ 사회자는 토론 구성원들의 상호의견 충돌을 방지한다.
사회자는 토론자들간의 상호의사 소통이 잘못되어 오해가 빚어지거나 토론이 순조롭게 진행되지 않을 경우 필요한 중제·조정 역할을 하여 토론 분위기가 협조적이고 우호적 관계로 형성되도록 유도해야 한다.

⑤ 토론 참여자들은 토론시간을 지켜야 한다.
토론 참가자들은 자신의 의견 개진을 함에 있어서 주어

진 시간에 간결하게 표명해야 한다. 즉 , 의견진술은 가능한 한 2~3분 이상을 초과하지 않도록 하는것이 좋다. 또한 의견개진에 자신의 사견이나 개인적 감정을 표출하는 등의 주제외의 발언을 삼갈 수 있도록 해야 효과적인 결론을 도출할 수 있게 된다.

⑥ 토의기록자는 토의내용을 체계적으로 기록하여 토론이 끝난 후 토론 참가자에게 확인한다.
토의기록자는 토론종료 시 토의의 진행과정과 핵심논제, 논의결과, 합의점과 불일치점, 결정사항 등을 전체에게 집약, 보고해 주는것이 좋다.

(4) 원탁토론의 유의사항

원탁토론은 매우높은 질적 결과를 가져올 수 있는 사회교육방법의 하나로서 오늘날 많이 이용되고있다. 특히 민주적 토론이 요구되는 지적수준이 높은 계층에서 더욱 이용되고있는 토론방법으로서 이를 좀더 효과적으로 전개하기 위해서는 다음과같은 점에 유의해야 한다.

① 주제에 대하여 참석자 모두가 사전준비를 철저히 해야 한다.
원탁토론을 하기전에 충분한 준비와 학습이없이 소집단 원탁토의를 진행할 경우에는 추상적이고 문제해결을 하기 어려운 탁상공론으로 그칠 우려가 많다.
그러므로 선정된 주제나 해결해야 할 사안에 관한 충분한 지식·정보를 사전에 수립 및 검토해야 한다.

② 원탁토론 구성원의 공동체의식이 요구된다.

원탁토론은 소수의 구성원으로 이루어지기 때문에 구성원간의 공동체의식이 다른 토론 유형보다 많이 요구되고 있다. 즉 원탁토론 구성원간의 충분한 협조와 우애심, 공동체의식 등이 형성되어 있지 못할 경우에는 원탁토론은 심각한 언쟁이나 반목의 형태로 악화될 우려가 있다. 이러한 경우에는 자신의 위치 확보에만 급급하므로 본래의 토론 목적을 달성하기 곤란하다.

③ 원탁토론 구성원은 토론주제에 대하여 평균적 지식을 지니고 있어야 한다.

원탁토론 구성원들의 지적수준이 너무 차이가 나거나 그 성격도 차이가 클 경우에는 한 두 구성원에 의해 토론이 독점되어 나머지 구성원들의 소외가 나타날 수 있기 때문에 구성원들의 지적수준이 고르게 형성되어 있어야 바람직한 결과를 도출해 낼 수 있다.

④ 원탁토론구성원은 항상 결과도출을 위해 협조적 관계여야 한다.

이를 위해서는 구성원 의식이 매우 민주적으로 형성되어져야 한다. 민주적 의식과 진행은 토론형태 및 배치도 매우 중요한데 원탁토론 배치도는 다음과 같다.

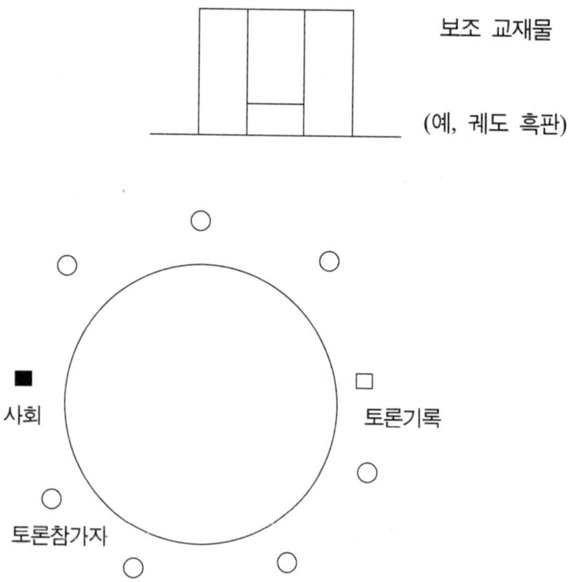

원탁토론 배치도

7) 분과토론(Huddle Group, Buzz Group)

(1) 분과토론의 개념

분과토론은 한 모임에 많은사람이 참여하였을 경우 많은 사람들의 아이디어를 모두 수렴하기 곤란하므로 몇개의 분과로 나누어 그 분과에서 토론될 내용을 전체모임에서 각 분과의 대표자가 대신 발표하여 전체토론의 중지를 모아가는 토론형태이다.

즉, 분과토론이란 활발한 토의진행을 위해 모든 구성원이 다 함께 토의에 직접 참여하기 어려운 대집단을 약 5~12명 정도의 소 집단으로 나누어 분과형태의 토론을 진행하게 하는 것이다. 최종적으로는 전체집단이 다함께 모여 각 분과 소 집단들의 토론결과를 결집시켜 정리 및 결론에 이르게 함으로써 대 집단 종합토론의 성과를 얻게된다.

소 집단 분과토론은 허들그룹 또는 버즈그룹의 기법으로 전개되는데 이 두 가지는 거의 같은 방법으로 이용되고 있기 때문에 여기에는 분과토론이란 개념으로 동시에 소개 하고자 한다.

(2) **분과토론의 특징**

분과토론은 대규모 토론모임에 참석한 사람들이 모두가 토론에 참여하기가 어려우므로 이것을 몇개의 분과로 나누어 토론하게 함으로써 모든 참여자가 학습기회를 가지게 되어 학습효과를 증대시키게 되는데 여기에는 몇가지 특징이 있다.

① 모든구성원의 토론참여를 가능하게 한다.

분과토론은 대규모 집단을 소집단으로 나눔으로써 대 집단 토론시 참여가 불가능한 전체구성원을 토론에 직접 참여시킬 수 있게된다. 따라서 집단구성원 모두가 토론주제 또는 학습주제에 참여하여 직접적인 학습성과를 얻게 된다.

② 토의를 심층적으로 할 수 있다.

소집단 분과토론은 대주제가 여러개의 소주제로 분류되어 진행되기 때문에 소 주제에 대한 토의를 참여자 모두의 발언으로 심도있게 진행될 수 있게 한다.

③ 전체토의 결론을 용이하게 이끌어 낼 수 있다.
분과토론을 통해 나타난 결론을 전체토의에 제시함으로 인해 대 집단의 결론을 내리는데 매우 효과적이게 된다. 따라서 대 집단 구성원 전체의 집단역동을 통한 참여의식과 공동체의식을 제고시킬 수 있으며 동시에 분과별의 결집을 통해 전체의 의견을 신속한 방식으로 얻어낼 수 있게된다.

④ 민주적인 학습방법을 익히게 된다.
대규모 토론회의 일정한 규칙과 제한으로 인해 매우 공식적 토론이 이루어 지는데 비해 이것은 몇개의 분과로 나누어 토론하게 되면 적은 인원으로 구성되기 때문에 토론 분위기가 자유롭고 부드러우며 참여자의 자발적인 참여를 유도할 수 있게 되어 학습자의 민주의식을 함양시킬 수 있게 된다.

⑤ 일부토론자의 독단을 방지하여 전체 토론목표를 쉽게 달성할 수 있다. 분과토론은 대규모 토론에서 자주일어나는 일부 토론자의 토론독점을 방지할 수 있게 된다. 따라서 참여자 모두의 토론참여를 통해 전체집단 목표를 용이하게 달성할 수 있다. 즉 다양한 배경과 지식, 견해를 보유한 집단구성원 전체의 생각이 폭넓게 표출, 수렴되는 기회를 갖게 됨으로써 제기된 사안에 대한 최선의 해결대안 탐색가능성이 높아짐은 물론 개인의 전체 집단과정에의 참여가 최대한 독려, 조장되고 개인의 학습욕구 충족과 집단의 목적 성취가 동시에 이루어 질 수 있다.

(3) 분과토론의 진행

분과토론은 대규모 집단으로 토론의 효율성을 높이기가 어렵기 때문에 몇개의 소집단 즉 분과로 나누어 토론하게 하여 각 분과에서 나타난 결과를 전체 토론에서 설명하게 함으로써 모든 참여자의 고른 참여기회를 확대 시키게 된다.

이와 같은 분과토론에 참여하는 구성은 우선 전체집단의 사회자, 분과토론의 사회자, 분과토론 기록자 및 분과토론 참여자 등으로 구성되는데 그들의 역할을 제시해 보면 다음과같다.

① 전체집단의 사회자는 몇개의 소분과를 나눈다.

사회자는 분과에 관련된 주제를 알리고 그 주제에 관심있는 참여자가 선택하도록 하여 한 분과에 보통 5~12명으로 구성되게 한다. 만약 어느 일정한 분과에 참여자가 몰리게되는 경우에는 적절하게 배분해야 한다.

② 전체집단의 사회자는 각 분과에 대하여 역할분담을 하게 알려준다.

사회자는 분과를 구성하고 난뒤에는 각 분과를 이끌어갈 분과사회자와 분과토론을 체계있게 기록할 분과기록자를 자율적으로 선출하도록 알려준다.

③ 전체집단의 사회자는 각 분과에서 토론 해야할 내용에 대해서 그 배경과 주제선정 이유 등을 설명하고 각 분과가 그 주제에 맞추어서 주어진 시간내에 마치도록 한다.

④ 분과별 책임자를 자율적으로 선정한다.

일정한 장소에 분과별로 모이게되면 우선 가장 연장자의 주도하에 분과사회자를 선출하고 분과사회자는 분과기록자를 참여자들의 의견을 존중하여 임명한다.

⑤ 분과사회자는 주어진 주제에 대하여 토의를 주재한다.

분과사회자는 주어진 시간내에 주어진 주제에 대하여 어떤 결론이 나도록 토론 분위기를 활성화 한다.

⑥ 분과사회자는 모든 참여자의 발언기회를 균등하게 배분한다.

분과사회자는 그 분과에 참여한사람은 모두 그 분과의 주제에 관심을 가지고 참석한 사람들이라는 것을 명심하고 참여자 모두가 자기 의견을 솔직하고도 진지하게 제기할 수 있도록 토론 분위기를 유도한다.

⑦ 분과기록자는 분과활동을 체계있게 기록한다.

분과사회자의 주도하에 주어진 시간에 주어진 주제에 대한 토론이 일어나게 되면 분과기록자는 그 발언자와 발언내용을 상세하게 기록해야 한다.

⑧ 분과기록자는 분과사회자와 협의하여 분과토론 내용을 정리한다.

분과기록자는 분과토론이 끝난다음 전체 토론에서 발표하기위하여 분과토론에서 토의된 내용을 분과사회자와 협의하여 체계있게 정리한다.

⑨ 전체 집단의 사회자는 분과토론이 끝난후 각 분과별 발표를 진행 시킨다.

주어진시간에 주어진 토론 내용에 대하여 각 분과에서 토의된 내용을 분과사회자 또는 분과기록자가 전체 토론에서 발표한다. 그 발표내용은 간결하고도 핵심적 이어야 한다.

⑩ 전체 집단사회자는 각 분과에서 발표된 내용을 종합정리하도록 한다.

각 분과에서 발표된 내용을 종합적으로 정리하고 이것을 보고서로 만들 수 있도록 집단사회자는 그 내용에 대하여 분명한 결론이 도출될 수 있도록 발표 분위기를 유도하며 일정한 합의점을 찾도록 한다.

(4) 분과토론 유의사항

분과토론은 모든 구성원이 토론에 참여할 수 있는 민주적 방법의 형태이기 때문에 잘못하면 본래의 취지에 어긋나는 결과를 초래할 수도 있기때문에 분과토론을 진행할 때에는 다음과 같은 몇가지 점에서 유의해야 한다.

① 분과토론 내용은 전체 토론주제와 별개의 것이 되어서는 안된다.

분과토론은 어디까지나 전체 토론내에서 이루어지는 소집단토론이기 때문에 각 분과에서 토론되는 내용이 전체 주제와 전혀 어긋나는 토론주제를 갖게되거나 그러한 방향으로 전개되어서는 안된다.

② 분과 토론사회자는 분과토론의 주제를 잘 파악해야 한다.
분과토론의 진행은 분과 토론사회자의 진행에의해 전개되기 때문에 사회자는 분과토론의 핵심을 잘 파악하여야만 토론내용이 다른방향으로 전개 되는것을 방지할 수 있으며 또한 효과적으로 결론을 도출해 낼 수 있다.

③ 분과토론 시에는 모든 참가자가 발언할 수 있도록 해야 한다.
분과토론의 주요목적이 참여자 모두의 의견을 최대로 반영하는데 있으므로 몇사람이 분과토론을 주도하여 일방적인 결론을 내리도록 유도해서는 안되며 모든 토론참여자가 고르게 발언할 수 있는 기회를 주고 이에 대한 결론을 내리도록 한다.

④ 기록자는 참가자 모두의 발언을 기록해 종합정리 한다.
기록자는 분과토론에서 토의되는 모든 내용을 기록한 뒤 이것을 체계적으로 정리하여 분과토론이 끝나기 전에 전체모임에서 발표하게 될 내용을 분과토론 참가자가 동의할 수 있게 정리요약 발표하는 것이 좋다.

⑤ 분과별로 토의된 내용을 전체모임에서 발표할 때는 핵심적인 내용만 발표한다.
분과별로 토의된 내용은 분과사회자 또는 분과기록자가 전체모임에서 발표하게 되는데 그 발표내용이 장황하거나 개인의 의견을 반영시켜서는 안된다. 즉, 분과 발표자는 분과에서 토의된 내용을 집약시켜 그대로 전달해 주는 역할을 해야한다.